칼 바르트의 『교회 교의학』 읽기

세창명저산책_007

칼 바르트의 『교회 교의학』 읽기

초판 1쇄 인쇄 2013년 2월 20일
초판 1쇄 발행 2013년 2월 25일

–

지은이 최종호
펴낸이 이방원
기획위원 원당희
편집 안효희 · 조환열 · 김명희 · 강윤경
디자인 박선옥 · 손경화
마케팅 최성수

–

펴낸곳 세창미디어
출판신고 제312–2013–000002호
주소 120–050 서울시 서대문구 경기대로 88 냉천빌딩 4층
전화 02–723–8660
팩스 02–720–4579
이메일 sc1992@empal.com
홈페이지 http://www.sechangpub.co.kr/

–

ISBN 978–89–5586–164–8 04100
　　　978–89–5586–142–6 (세트)

이 도서의 국립중앙도서관 출판시도서목록CIP는 e–CIP 홈페이지 http://www.nl.go.kr/ecip에서
이용하실 수 있습니다. CIP 제어번호 : CIP2013000797

세창명저산책_007

최종호 지음

칼 바르트의 『교회 교의학』 읽기

세창미디어

머리말

현실 참여의 새로운 지표로서 『교회 교의학』

칼 바르트(1886-1968)는 슐라이어마허 이후 최대의 개신교 신학자다. 그는 보수주의 개혁교회 전통에서 성장했으나 신학교육을 통해 자유주의 신학자가 되었다. 그러나 그는 목회활동을 통해 성서를 재발견하고, 전쟁 정책을 지지하는 독일 지성인을 통해 자유주의 신학이 장래가 없다고 느끼고는 그것과 결별한다. 그의 『로마서 주석』 2판은 자유주의 신학에 대한 반대 선언서였다. 바르트는 19세기 자유주의 신학에서 하느님과 인간의 자리를 구별하지 않고 혼합시켰을 때, "하느님을 하느님의 자리로, 인간을 인간의 자리로!" 되돌려놓은 기수였다. 어떤 의미에서 그는 자유주의, 역사적 상대주의, 윤리주의, 심지어 실존주의까지도 고별하였다.

그러나 그는 성서의 해석에 관한 문제를 도외시하고 성서의 문자에 매달리는 근본주의적 정통주의 신학에 대해서 동의할 수 없었다. 그는 성서에서 '문자'가 아니라 성서에서 '하느님의 말씀'을 읽어내야 하는 과제를 더 중요시한 것이다. 그로 인해 그는 '하느님의 말씀'에 집중한 복음주의 신학자가 된 것이다. 또한 그의 신학은 19세기 하르나크A. von Harnack를 중심으로 한 자유주의 신학에서 유행한 '학문적 신학Schuldogmatik'이 아니라, 선포와 설교를 위한 신학, 즉 교회의 신학이요, 동시에 사회를 향한 '봉사의 신학'이었다. 그는 두 차례의 세계대전의 위기 속에도 그리고 사회주의 운동의 격류 속에도 휘말리지 않았다. 그는 '성서 안에 있는 새로운 세계'와 그 메시지를 발견하여 복음의 놀라움과 기적의 논리 속에서 열정을 가지고 신학적 작업을 통해 교회와 사회에 큰 영향을 끼쳤다. 그것은 교회와 사회로 하여금 살아계신 하느님의 말씀에 집중하게 하는 것이었다.

자유주의 신학과 보수 정통주의 신학을 넘어선 그의 현실 참여를 향한 하느님의 말씀의 신학은 '성서와 현실의 삶'을 함께 묶는 '현실 참여의 새로운 지표'로 등장한 것이다. 바르트는 신학을 계시 중심, 예수 그리스도 중심, 성서 중심 그리고 성령 중심 속에서 '교의학적dogmatical' 진술을 하기 시작한 것이다. 그로 인해 그의 필생의 작품『교회 교의학』13권(1932-1967)이 세상에 나온 것이다. 그의 신학은 현실 상황 속에서 무엇이 문제였는가를 밝혀주고, 동시에 다시 하느님 말씀 속에서 현실의 해결되어야 할 문제를 직시하고 신과 함께 걷도록 초대한다. 따라서 그의 '신학'은 성서와 상황을 연결하여 사고하고 행동하도록 안내한다. 바르트는 한 크리스천의 실존적 삶을 "한 손에는 성서를, 한 손에는 신문을!"이라고 했다. 여기서 중요한 것은 신문과 성서가 아닌 '성서와 신문'이라는 순서이다. 이러한 순서는 그가 생각하는 말씀의 신학의 위치를 확실히 설명해 준다. 즉 하느님과 인간, 영원과 시간, 은총과 자연, 복음과 율법, 하느님의 섭리와 인간의 세계 등의 순서의 분명성이다.

바르트는 보수주의 신학자도 자유주의 신학자도 아니다. 그가 19세기 자유주의 신학과 결별하고 성서와 세계에 집중했을 때, 그는 신정통주의 신학자라고 일컬어졌다. 그는 '성서'를 강조한다는 점에서 정통주의 신학자요, 동시에 세계를 강조한다는 점에서 자유주의 신학자다. 그래서 사람들은 그의 신학을 '신정통주의' 혹은 '변증법적 신학'이라고 부른다. 그러나 그는 자신의 신학이 '신정통주의 신학'이나 '변증법적 신학'이라고 불리는 것까지도 꺼렸다. 그는 자신의 신학을 '하느님 말씀 신학Die Theologie Gottes'으로 불리기를 바랐다.

바르트가 그의 교의학의 이름을 '교회' 교의학이라고 명명했을 때, 그것은 계시의 '현실성reality'을 말하는 '하느님 말씀'에 대한 '교의학적dogmatical' 서술이었다. 이 점에서 바르트의 신학사상은 지금 유행하는 상황신학으로 불리는 '현실참여 신학에 새로운 지표'를 제공할 것이다. 따라서 그의 신학은 보수와 진보로 갈라진 한국 교회에 열린 보수, 열린 진보로의 소통의 신학이 될 것이다. 그의 교의학은 아름다운 교회를 세우며, 그렇게 해서 세워진 교회는 세상에 희망, 빛, 생명으로 확산되기를 기대하고 쓰인 것이다.

여기에 내놓은 '칼 바르트의 『교회 교의학』 읽기'는 그의 『교회 교의학』 13권을 요약한 책이 아니다. 이것은 바르트의 사상을 논문 형식을 빌려 항목별로 제시한 것으로 1부와 2부로 나누어, 제1부 "『교회 교의학』의 신학적 위치"에서는 제1장 "말씀의 신학의 요청과 배경"을 '그리스도론적으로' 다루고, 제2장 "칼 바르트의 신학사상의 변화"에서는 말씀의 신학이 현장과 어떻게 적용되고 있는가를 '성령론적으로' 다루고자 했다. 제2부 『교회 교의학』의 신학적 논제들에서는 바르트의 『교회 교의학』 순서에 따라 제1장 "하느님의 말씀론: 교의학 서론", 제2장 "하느님에 관한 교리", 제3장 "창조에 관한 교리", 제4장 "화해에 관한 교리"로 제목을 붙여 그의 사상을 논문 형식을 빌려 언급하고자 했다. 어기서 다룬 글들은 그의 사상 그대로를 표현한 것은 아닐지라도 그가 말하고자 했던 사상이 젖어 있도록 했다. 필자가 바라기는 한국교회의 건강성을 위해 칼 바르트의 신학과 산책을 하는 이들에게 '신학은 아름답다theologia est pulchra'는 느낌을 갖고 '신학적 사고'를 하는 데 도움이 되었으면 한다.

2013년 1월

최 종 호

제1부 『교회 교의학』의 신학적 위치

바르트는 그리스도 중심으로 엮어진 『교회 교의학』에서 가톨릭주의, 경건주의, 성서 문자주의 및 근본주의 등을 비판하고 있다. 바르트가 이들을 비판하는 것은 복음을 '인간학적으로' 만들었기 때문이다. 복음은 문자 그대로 '복된 소리'로 하느님의 말씀이다. 이제 하느님의 말씀인 복음은 선포된 말씀(←기록된 말씀←계시된 말씀)으로 우리에게 현실이 된다. 여기서 그리스도는 인간을 자유하게 하는 해방자다. 그리스도가 있는 곳에 우리의 구원이 있고 평화가 있고 화해가 있다. 그리스도는 화해의 기초가 된다. 그리스도를 소개하는 성서는 '예기치 않은 소식unexpected news'으로 꽉차 있다.

제 1 장
말씀의 신학의 요청과 배경

I. 말씀의 신학의 요청

칼 바르트의 말씀의 신학은 20세기에 들어와 두 차례의 세계대전의 경험과 함께 교회 내부에서 일어난 두 차례의 신학적 기후의 변혁을 경험하게 되었다.

첫째는 자유주의 신학 경험이다. 1914년 제1차 세계대전이 발발하고 19세기 자유주의 신학의 전통이 전쟁을 옹호하는 '전쟁신학'을 운운하기 시작했을 때, 바르트는 "하느님을 하느님의 자리로, 인간을 인간의 자리로"라는 슬로건 속에서 새로운 신학운동을 일으켰다. 바로 그것은 일종의 위기의 신학이었다. 이 위기의 신학은 후에 변증법적 신학운동 속에서 '실존주의 신학'과 함께 20세기 중반까지 반세기 동안 신학계를 지배해 온다.

둘째는 혁명신학의 경험이었다. 제2차 세계대전 이후 급격하게 발전된 과학 기술, 사회주의의 도전, 제1세계와 제3세계의 차이, 과학 무기의 위협, 그리고 생태계 파괴 등의 문제 앞에서 신학은 역사 속에서 행동하는 이른바 혁명의 신학으로 표현될 수 있는 제3세계 신학, 아프리카 신학, 아시아 신학, 해방 신학, 흑인 신학, 민중 신학, 생태계 신학 등으로 나타났다.

이러한 신학의 이름들은 우리가 사는 상황context이 중병을 앓고 있음을 단적으로 지적해 주고 있다. 이와 관련하여 20세기 후반의 사고는, 개인 중심적 또는 경험주의적 실존주의에 대한 관심보다는 혁신적이고 변혁적인 것에 보다 더 관심을 가지게 되었다. 이러한 현실과 상황에서 교회는 단순히 개인 영혼의 안팎이나 불안을 해소해 주는 신학에 만족할 수 없었고, 역사 속에서 행동하는 '하느님의 의'와 이 세상의 문제에 직면해서 씨름하는 신학이 요구되기에 이르렀다. 바르트는 이러한 세속화 신학, 더 나아가 신 죽음의 신학theology of death of God을 말하는 혁명신학에 대답을 주고자 하는 말씀의 신학을 통해서 하느님의 계시, 즉 성육신을 말한다.

19세게 자유주의 신학에서 훈련을 받은 바르트는 20세기 초기에는 위기의 신학을, 중기에서는 그리스도인의 '실존existence'에 대한 관심을, 그리고 후기에서는 세계의 미래와 변혁에 대한 관심을 가지고 의미 있는 대화로 그의 신학적 프로그램 '하느님 말씀의 신학'을 기술해 갔다. 바르트의 신학은 그가 처한 상황과 유리될 수 없다.

첫째, 우선 두 차례에 걸친 세계대전이다. 인류 역사에서 20세기 이전에는 세계대전이 없었는데 20세기에 들어와서 두 번이나 일어난 것이다. 우리는 이것을 더욱 악화된 '인간성' 자체의 문제로 보지 않을 수 없다.

둘째, 제1세계와 제3세계의 엄청난 빈부 차이이다. '풍요 속에서의 빈곤'이 세계 도처에서 일어나고 있다. 제1세계의 나라들은 엄청난 소비를 하는 데 반해, 제3세계의 가난한 나라들은 지금도 수만 명이 기아로 죽어가고 있다. 이러한 모순은 역시 '인간성' 자체에 대한 문제로 제기된다.

셋째, 지구의 생태계 파괴가 그 어느 때보다도 심각하여 '지구촌'의 장래가 어두워지고 있다. 이것은 '소유'와 '향유'를 최고의 가치로 여기는 '인간 이기주의'에서 비롯된 것이다.

현대인은 고독과 불안과 허무와 공포와 죽음 속에서 산다. 우리는 앞에서 세계의 상황을 세 가지로 지적하였다. 전쟁·기아·생태계 파괴가 바로 그것이다. 전쟁은 지금도 어떤 형태로든 진행되고 있다. 어떻게 무기를 없애고 '참된 평화의 지구촌'을 만들어 살아갈 수 있을까? 어떻게 선진국인 제1세계와 후진국인 제3세계가 한 지구촌 안에서 공동 운명체, 유기적 공동체, 밥상 공동체로 살아갈 수 있을까? 즉 소비 지향적인 삶을 사는 제1세계가 어떻게 자신들의 '삶의 방식'을 지양하고, 내 이웃인 제3세계와 더불어 살 수 있을까? 어떻게 우리 모두가 주인 의식 속에서 환경 파괴를 막고 깨끗한 물과 공기와 흙을 접하면서 건강한 삶을 살아갈 수 있을까? 사실 누구나 삶의 기쁨과 평안을 원하면서도 삶의 참된 의미를 느끼지 못하고 여전히 갈증을 느끼면서 살아가고 있다.

이러한 현실을 몰고 온 원인이 무엇인가? 칼 바르트는 '인간성' 자체에 대한 문제로 보았다. 한마디로 말하면 그 원인은 현대인들이 하느님에게서 멀리 떠난 데 있다고 말할 수 있다. 21세기 과학 발전과 풍요와는 달리 스캔들을 만든 전쟁·기아·생태계 파괴 등의 문제와 아울러 이에 따른 고독과 불안과 공포 등의 현대병을 해결하는 길은 오직 하느님께로 돌아가고, 하느님의 말씀에 복종하는 데 있다는 것이다.

II. 교회개혁 전통에 서 있는 『교회 교의학』

바르트의 평생의 저작인 『교회 교의학 Die Kirchliche Dogmatik』(1932-1967)은 그리스도 중심으로 쓰인 복음주의 신학이다. 『로마서 주석 Der Römer Brief』(1922)에서 보여준 "하느님과 인간의 무한한 거리" 대신에, 『교회 교의학』에서는 "오직 성서", "오직 믿음", "오직 은총", "오직 그리스도", "오직 하느님께만 영광"을 말한 종교개혁자들의 전통을 이었다.

바르트의 교회관은 종교개혁 이전 가톨릭교회가 취해온 교회관과는 전적으로 다르다. 역사를 형성하고 지배해온 가톨릭교회의 역사는 동시에 역사 앞에서 타락하고 굴복해온 역사를 내포하고 있다. 로마 가톨릭 신학자 한스 큉 H. Küng은 로마 가톨릭교회를 향하여 세상에 어떻게 교회의 실제 모습이 비추어지고 있는가를 다음과 같이 여섯 항목으로 말한다 H. Küng, 1967, 2007, 33.

1) 강력한 모든 조직에는 세속적인 도구를 이용하는 권력 기구가 존재한다.

2) 엄청난 숫자의 기독교 대중 안에는 자신의 실체를 거의 상실하고 천박해져 버린 대중적 기독교가 자리 잡고 있다.

3) 질서 정연한 계급제도에는 지배와 사치를 일삼는 관리 기구가 존재한다.

4) 화려한 제의에는 중세의 바로크 전통 속에 은밀히 숨어 있는 외양적이고 비복음적인 의식과중주의Ritualismus가 도사리고 있다.

5) 명백하고 통일적인 교리체계에는 경직되고 권위적이며 공허한 개념들로 가득 차 비역사적이며 비성서적인 스콜라 신학이 지배하고 있다.

6) 서구 문화에 공헌도 자신의 본래적인 과제를 회피하고 세속화Verweltlichung된 모습을 동시에 보여주고 있다.

큉은 이러한 비판적 제시를 통해 교회의 불완전성을 말한다. 교회는 어떤 사람에게는 찬미의 대상이 될 수 있지만, 또 어떤 사람들에게는 분노와 비판의 대상이 될 수도 있다. 교회가 세상의 빛과 소금이라고 말한다면 교회개혁은 불가피하다. 유대인의 박해, 십자군 전쟁, 노예문제, 사회 문제에 대한 교회의 침묵, 특정한 사회, 정치, 사상 체계와의 조급한 영합 속에서 교회 개혁은 당연한 수순으로 보았다. 교회의 겉모습이 아무리 찬란하더라도 형편없는 설교, 빈약한 예배, 겉만 번지르르한 경건, 영성 없는 전통들, 권위적이며 경직된 교의학, 삶과 거리가 먼 궤변적 도덕, 기회주의와 편협함, 율법주의, 당파정치 그리고 세상과 영합하는 교회는 참 교회가 아니었다H. Küng, 1967, 2007, 34.

　『교회 교의학』에서 바르트는 중세 교회와 그 후 정통주의 역사에서 인간에 의해 정초된 교회가 저지른 부패상을 알고 있었다. 그는 인간을 긍정하여 인간으로부터 출발하는 신학을 자유주의 신학으로 보고 그의 신학을 철저하게 그리스도 중심에서 시작했다. 그리스도를 통한 계시는 바르트 신학의 주제였다. 그리스도를 통한 계시는 오늘 우리에게 하느님이 누구인가를 보여주는 사건이다. 계시는 우리 밖에서extra nos 온 것이기 때문에 이 세계의 모든 현실과 구별된다. 계시란 우리의 일상적 경험과 이성과 합리성으로 파악할 수 없는 '새로운 것'이라고 성서는 증언한다. 그런 점에서 그 계시는 우리에게 낯설다. 그렇지만 그것은 인류의 구원을 위한 하느님 자신의 뜻을 지시하고 있다. "그분은 모든 세대 모든 사람에게 감추어져 있던 것"골 1:26으로서 "하느님 나라의 비밀"막 4:1이요, 복음의 비밀엡 6:19이다. 바로 그분이 예수 그리스도다골 1:27, 2:2, 엡 3:4. 이제 인생의 슬픔, 고뇌, 죄

등의 한계성은 그리스도의 은총 속에서 기쁨, 감사, 찬양으로 바뀐다.

바르트의 『교회 교의학』은 동서고금을 막론하고 여전히 계속해서 교회가 고백해오고 있는 사도신경과 니케아신조에 기초를 두고 있다. 그래서 그의 신학을 읽는 사람들에게 이성을 넘어선 하느님의 세계, 하느님의 말씀의 세계, 계시의 세계, 그리스도의 세계를 바라보게 한다. 그의 교의학은 인간에게 유일한unique 하느님의 선물로 예수 그리스도에게 집중하고 있다. 다시 말하면 그의 신학은 이 세계라는 상황context에서 예수 그리스도로서 오신 하느님을 어떻게 영접해야 하는가를 말하고 있다. 그는 "한 손에는 성경을, 다른 한 손에는 신문을!"이라는 슬로건을 내걸고, 텍스트와 콘텍스트, 그리고 콘텍스트 속에서 텍스트를 적용하는 문제에 고심한 것이다. 어떻게 설교할 것인가? 그것이 그의 교회 교의학의 관심이었다. 하느님은 자신이 만든 세계에 대한 구원을 위한 위대한 프로젝트project를 실시하였다. 그것은 이 세계에 절망이 아니라 희망을, 어둠이 아니라 빛을, 죽음이 아니라 생명을, 더 나아가 영생에 이르는 것으로 정초했다. 성서 전체의 요약이라고 할 수 있는 하느님의 말씀을 통해 그의 관심과 세상을 향한 '계획plan'을 보자.

하느님은 이 세상을 극진히 사랑하셔서 와아들을 보내 주시어 그를 믿는 사람은 누구든지 멸망하지 않고 영원한 생명을 얻게 하여 주셨다요한복음 3:16.

하느님이 이 세계를 구원하고자 하는 위대한 계획인 하느님 자신의 낮아짐kenosis은 성육신과 십자가에 달리심을 통해 우리가 어떻게 살아야 하는가를 보여주었다. 중세 교회가 세상을 섬기지 못하고 오히려 교황을 중심으로 한 교직제도 아래서 부패하기 시작했을 때, 교회개혁Reformation이 일어났다. 교회가 제도화되고 화석화될 때, 16세기 개혁자들은 '오직 성서sola scriptura', '오직 은총sola gratia', '오직 믿음sola fide'을 슬로건으로 내걸어 예수 그리스도와 성서로 돌아가는 운동을 펼친 것이다. 바로 이 점에서 바르트는 16세기 교회 개혁자들의 전통에 서 있다.

바르트의 신학 형성에 있어서 중대한 영향을 끼친 신학자로서는 역사적인 측면에서 하르나크A. v. Harnack, 윤리적인 측면에서 헤르만W. Herrmann, 철학적으로는 신칸트주의자 코헨Kochen과 나토르프Natorf 등을 들 수 있다. 그러나 바르트는 이들의 사상을 그대로 답습하지 않고 성서 이해의 한 방법으로 삼아 '새로운 신학Neue Theologie'인 『교회 교의학』을 쓴 것이다. 이 책은 아타나시

우스Athanasius, 오리게네스Origenes, 아우구스티누스Augustinus 등의 교부들을 비롯하여 안셀무스Anselmus, 아퀴나스Th. Aquinas 등의 중세 사상가들, 루터M. Luther, 칼뱅J. Calvin 등의 종교 개혁자들, 18세기 신교 정통주의자들, 그리고 슐라이어마허Fr. Schleiermacher 등 현대 사상가들과의 대결을 통해서 풍부한 사상이 담겨져 있다.

바르트 신학은 '하느님의 말씀의 신학'으로 복음과 상황을 변증법적 긴장관계에서 복음의 힘을 통해 신학의 아름다움을 전하고 있다. 그 특징을 요약하면 다음과 같다.

첫째, 그의 신학은 '교의학적dogmatical'이다. 교의학은 신학의 다른 이름이다. 신학은 교의학적 진술을 통해서 비로소 그 임무를 시작할 수 있다. 교의학은 '신앙faith'의 진술이다.

둘째, 그의 신학은 그리스도를 내용으로 하는 '예수 그리스도의 신학'이다. 신앙의 내용이 성육신으로 오신 예수 그리스도에 근거해서 출발한다.

셋째, 그의 신학은 하느님의 말씀인 성서를 유일한 계시의 책으로 본다. 하느님은 성서를 통해 자신을 계시하셨다. 성서는 내용적으로 그리스도를 중심축으로 하여 그리스도-4 복음서-바울 서신-구약성서로 된 그리스도가 누워 있는 책이다.

넷째, 그의 신학은 복음과 세계의 관계 속에서 예수 그리스도를 보내어 이 세상을 구원하고자 하시는 하느님의 '프로젝트 project'에 참여케 한다. 그리스도인의 모임인 교회는 하느님의 사역에 동참하는 자들이다.

다섯째, 그의 신학은 '하느님-인간'을 관계시키는 '변증법적 신학'이다. 그의 신학 방법은 복음과 율법, 복음과 세계, 교회와 세상, 성서와 신문, 신앙과 삶, 이론과 실천, 텍스트와 콘텍스트, 하늘과 땅을 어우르는 신학이다.

여섯째, 그의 신학은 하느님과 인간을 바르게 세운다. "하느님은 하늘에, 너 인간은 땅에"라는 모토는 ① 하느님과 인간을 관계시키고, ② 하느님-인간의 순서를 견지하는 '현실 참여의 신학'이다.

III. 하느님의 말씀론의 신학적 배경

바르트에게 있어서 하느님의 말씀은 '교회를 위한 하느님의 말씀Gottes Wort für die Kirche'이다. 교회의 권위는 '말씀의 권위'이지 결코 교회 자체로서는 권위가 될 수 없다. 교회에 대한 신앙은 보이지 않는 것에 대한 신앙을 고백하는 것이다. 그러나 보이지 않는 것은 보이는 것의 신비일 뿐이다. 그리스도인은 보이지 않는 교회에 대한 신앙 속에서 보이는 교회에 투여된다. 루터가 말한 대로 우리는 교회의 역사적 삶과 과제 그리고 교회의 사명을 망각하고 단지 이론적이며, 추상적인 교회주의Kirchlichkeit에 사로잡힌 자는 교회에 대한 신앙을 말할 수 없다M. Luther, WA 39/2, 161.

바르트는 교회 자체로부터 오는 구원론을 비판한다. 성서의 하느님은 피조물의 세계에 속한 분이 아니라, 피조물의 세계 '위에', 이 세계 '밖에' 있는 분이다. 그는 결코 이 세계에 속한 사물들과 '존재의 유비analogia entis'를 갖지 않는다. 하느님의 말씀은 현재의 상황status quo을 척도로 삼거나 정당화시켜서는 안 된다. 그것은 오히려 비판적인 통찰력에 기여하는 것으로 전력을 기울여야 할 것이다. 왜냐하면 비판적인 통찰력은 필연적인 개혁과 갱신의 전제가 되기 때문이다. 개혁은 인간성에 정초한 규범이나 법으로가 아니라 하느님의 말씀에 근거하여 교회를 개혁하고 세계를 갱생하여야 한다.

바르트에게 있어서 성서는 그의 신학적 탐구 대상의 영역이었다. 이러한 의미에서 19세기 역사 비판적인 방법을 수용한다. 그러나 그는 19세기의 역사 비판적 방법에는 '영감'이 없음을 지적하고 정통주의의 성서관에 더욱 관심을 가진다. 누군가가 바르트에게 역사 비판적 성서 연구 방법과 정통주의 성서 영감설 중에서 택일하라고 한다면 단연코 후자라고 한다. 그러나 그는 정통주의 성서의 이해가 문자 자체의 내재적 조명에만 머문 것을 비판하면서 정통주의보다는 칼뱅을 택했다. 왜냐하면 칼뱅은 문자에 얽매이지 않고 영의 조명 속에서 전체적인 말씀을 통해 성서를 보았기 때문이다. 따라서 바르트는 자신을 성서 전체가 하느님의 말씀임을 믿는 '성서주의자'라고 말하는 데는 주저하지 않았다. 물론 바르트의 '성서주의'는 문자에 얽매이는 방식에서의 성서주의가 아니었다. 그에게서 성서는 전체로 인간의 문서인 동시에 '하느님의 말씀'이었다.

바르트에 의하면 하느님의 말씀인 성서는 과거의 삶의 상황을 넘어서 각 시대의 '삶의 정황Sitz im Leben'에 선포된 '사실Sache'로서 어제나 오늘이 동일한 하느님의 말씀이다. 따라서 하느님 말씀은 그에게서 삼중적 구조, 즉 선포된 말씀(설교)-기록된 말씀(성서)-계시된 말씀(예수 그리스도)을 가진다. 그러므로 그의 성서 이해는 기계적 축자영감설을 말하는 정통주의 성서관과 다르다. 정통주의가 축자영감을 강조하는 '성서 축자영감론'을 말한다면, 바르트는 성서, 즉 성서를 강조하는 '성서 축자영감론'을 말한다.

여기서 바르트가 강조하고자 한 것은 성령의 현실 속에서 오늘 우리에게 말하는 '선포의 말씀'이었다. 이 '선포된 말씀'은 '기록된 말씀'인 성서를 근거로 하고, 성서는 또한 예수 그리스도, 즉 '계시된 하느님 말씀'을 기초로 하고 있다. 바르트는 성서가 '하느님 말씀'이 될 수 있는 것은 인간의 문자에 얽매이지 않고, 하느님의 영의 창조적 현실성에 있다고 보았다. 바르트는 교리화된 정통주의를 객관주의로, 성서를 해체시킨 자유주의를 주관주의로 각각 비판하고 자신의 신학전통을 종교 개혁자들의 개혁전통의 편에 섰다. 바르트는 정통주의가 '성서로만sola scriptura'이라는 전통을 받은 것은 훌륭하지만 '신앙'의 문제를 소홀히 하여 결국 성서의 기계적 문자 영감을 말하는 '성서주의자'가 된 것을 비판한다. 이에 대해 자유주의자들은 신앙 자체, 즉 '오직 신앙으로만sola fide'의 종교 개혁자들의 전통을 받았으나 '성서' 즉 객관적 말씀에 대해서 소홀히 했기 때문에 주관주의에 빠진 것을 지적한다.

그러나 바르트는 종교 개혁자들의 전통인 '오직 성서로만' 그리고 '오직 신앙으로만' 즉 객관과 주관을 변증법적으로 함께 포괄하는 신학, 즉 '하느님 말씀의 신학Die Theologie Gottes'을 자신의 신학의 이름으로 삼은 것이다.

이러한 그의 '말씀의 신학'의 태동은 제1차 세계대전이 발발했을 때 전쟁을 옹호하는 신학에 대한 도전에서 비롯되었다. 19세기 역사 신학의 거장이었던 하르나크A. Harnack가 그를 포함한 성직자와 신학자 등 93명의 지성인과 같이 빌헬름 2세Wilhelm II의 전쟁 정책을 지지하는 선언서를 발표하였을 때, 19세기 신학은 더 이상 미래가 없는 것으로 보았다.

바르트는 『19세기 개신교 신학Evangelische Theologie im 19. Jahrhundert』에서 당시의 신학적 체험을 이렇게 술회하고 있다.

그해 8월 초 어느 날은 나에게 비통의 날로 다가왔다. 93명의 지성인들이 빌헬름 2세와 그의 자문관의 전쟁 정책을 승인하는 발표를 하였고, 놀랍게도 그 가운데 신뢰했던 많은 신학 스승들의 이름을 발견했던 것이다. 그들의 윤리를 의심하면서 동시에 그들의 윤리학, 조직 신학, 성서 해석, 역사 서술도 더 이상 따를 수 없었으며, 19세기 신학은 나에게 미래가 없는 것으로 느껴졌다.

이러한 지성인들의 전쟁 정책에 대한 선언은 '19세기 자유주의 신학'의 한계성을 드러내고 있었다. 인간 중심의 사고, 신은 인간에게 봉사하는 하나의 부속물로 여긴 사고의 한계성 말이다. 즉 슐라이어마허Fr. Schleiermacher의 '감정의 신학'은 범신론으로 가버렸고, 리츨A. Ritschl의 가치·도덕·윤리를 강조하는 신학은 인간의 내재성 속에 하느님이 흡수되어 버렸고, 하르나크A. von Harnack의 역사와 문화에서 비롯된 신학은 소위 '문화 개신교Kulturprotestantismus'를 이루었고, 트뢸치E. Tröltsch가 종교 철학을 강조함으로써 신학의 특수성은 인간의 인식의 범위에서 맴돌게 되었다. 헤르만W. Herrmann의 '현실성Wirklichkeit' 강조는 이미 인간에게 내재된 현실성으로 파악된 낙관주의적 사고를 만들었다.

바르트는 19세기 신학은 인간 속에 하느님이, 내재 속에 초월이, 자연 속에 은총이, 시간 속에 영원이 혼합되어 애매모호했기 때문에 전쟁을 일으키는 신학에 동조하기에 이르렀다고 본 것이다. 이러한 19세기 자유주의 신학에 대한 강렬한 거부가 그의 『로마서 주석』이었다. "하느님은 하늘에, 너 인간은 땅에", "하느님과 인간의 무한한 질적인 차이", "영원과 시간의 구별" 등은 19세기의 '혼돈'의 신학에 하나의 쐐기를 박는 새로운 신학 운동의 모토가 되었다. 『로마서 주석』을 통한 그의 신학은 '변증법적 신학' 또는 '위기의 신학' 등으로 불리었다. 그러나 그의 신학은 '변증법적 신학'이라고 불리지만, 사실은 하느님과 인간, 초월과 내재, 은총과 자연, 영원과 시간의 도식에서 하느님, 초월, 은총, 영원 등의 '수직적 차원'이 강조되는 '하느님 말씀의 신학'이었다. 이것은 '하느님은 하느님의 자리로, 인간은 인간의 자리로' 설정해 주는 나침반 역할을 담당한 것이다.

이 점에서 바르트의 『로마서 주석』에 나타난 말씀 이해는 그 주석이 말하는 대로 20세기 상황에서 그 당시 현대인들에게 혼돈되지 않는 메시지를 전해주었다. 그러나 그는 남이 말하지 않은 것이나 그가 새로 발견한 무엇을 말하는 것이 아니라 단지 옛 진리를 말했던 것이다. 더욱이 그 진리는 그의 새로운 역사적 정황을 붙잡았을 뿐이다. 그의 새로운 신학 운동은 바르트를 비롯하여 불트만R. Bultmann, 고가르텐Fr. Gogarten, 투르나이젠E. Thurneysen 등에 의해서 주도되었다. 당시 변증법적 신학자들, 즉 '말씀의 신학자들'이 함께 참여한 신학 잡지 『중간 시대Zwischen den Zeiten』는 '자유주의 신학'에서 '말씀의 신학'으로의 전환을 위한 증언의 책이 되었다. 바르트의 하느님의 말씀의 신학은 키르케고르Kierkegaard, 도스토옙스키Dostojewski, 디이트리히 본회퍼Dietrich Bonhoeffer, 게오르게스 베르나소스Georges Bernanos, 라인홀드 슈나이더Reinhold Schneider, 하인리히 뵐Heinrich Böll, 칼 에이머리Carl Amery, 롤프 호흐후트Rolf Hochhuth와 함께 오늘의 세계를 가로지르면서 비판적 연대를 이루고 있다.

제 2 장
칼 바르트의 신학사상의 변화

칼 바르트Karl Barth, 1886-1968는 20세기 말의 가장 저명한 신학자 중의 한 사람이다. 그의 삶은 영감과 신학적 열정 속에서 목회자로서, 교수로서 그리고 무엇보다도 저술가로서 교회와 사회에 큰 영향을 주었다. 그의 하루의 일과의 시작은 모차르트의 음악을 들으면서 시작되었다. 그가 죽어서 천국에 가서 맨 먼저 만나고 싶은 사람 하나를 선택하라면, 그는 주저 없이 '볼프강 아마데우스 모차르트Wolfgang Amadeus Mozart'라고 하였다. 사실 그가 죽는 날 1968년 12월 10일 아침에도 그의 아내가 켜놓은 모차르트 음악이 흘러나오고 있었다.

바르트는 음악을 통해 영감을 받고 사색하며 글을 쓰고, 부정을 해야 할 때 서슴지 않고 강한 '아니오!Nein!'로 시대를 일깨웠던

용기 있는 사람이었다. 그의 신학적 사고는 그의 삶과 무관하지 않았다. 따라서 바르트의 신학을 이해하기 위해서는 언제나 그의 생애에 걸쳐 있는 정치적·사회적 상황과 관련해서 이해하지 않으면 안 된다. 그가 "한 손에는 성서를, 또 한 손에는 신문을!"이라고 말한 것은 그의 신학이 교회와 사회라는 현실을 떠나지 않고 있음을 말해준다. 그러면서도 여전히 그의 신학의 중심은 하느님의 말씀인 성서이며, 성서의 근본 뿌리인 예수 그리스도이다. 따라서 그의 사상은 의도적이든 의도적이 아니든 하느님 말씀에 기초한 복음주의적 사고로 귀결된다. 그것은 예수 그리스도 안에서 나타난 '하느님의 말씀'을 중심으로 출발한다는 점에서 그리스도 중심적인 성서이해에 대한 것이었다.

여기서 필자는 바르트의 신학에서 하나의 관점을 발견했다. 다시 말해 그것은 예수 그리스도 그는 누구이며, 그리고 그는 오늘 우리 세계에 무엇이냐는 고전적 질문을 다시하게 하였다. 예수 그리스도를 중심으로 하는 사고는 다시 삶과 관련하여 성령을 그리고 오늘의 살아 역사하는 하느님을 만나게 한다. 이때 '성령론은 삶론이다'는 결론에 이른다. 그의 신학은 그가 살고 있는 세계와 관련된 '복음과 삶'에 대한 진술이었다. 다시 말하면 그의 신학은 우리의 전체적 삶을 다루는 성령론적 관점을 제공하고 있는 것이다. 이러한 관점은 바르트의 신학 사상을 보다 심도 있게 이해하는 것으로 안내할 것이다. 우선 바르트의 신학 사상변천과 『교회 교의학』의 형성을 살펴보기로 하자.

I. 인간 영의 시대 1906-1914

바르트는 계시의 체험, 종교의 감정, 하느님의 자아의식을 말하는 소위 19세기 '문화 개신교'에서 신학적 훈련을 받았다. 특히 그는 19세기 신학자들 가운데서 빌헬름 헤르만W. Herrmann을 자신의 "잊지 못할 스승"이라고 할 만큼 그의 신학적 입장을 추종했다. 그는 스승의 영적 현실성의 가르침에 매료되어 목회를 시작했다(1906년). 이와 같이 헤르만 신학은 직접적이든 간접적이든 바르트의 신학적 사고 형성에 '기초'를 형성할 만큼 매우 중요했다. 우선, 바르트는 그로부터 '사고의 자유Freiheit des Denkens'의 개념에서 정통주의와 적극적 신학이 비판되는 것과 "증명된 하느님이란 세계이며, 세계의 하느님은 하나의 우상일 뿐W. Herrmann, 1908, 79"이라는 사고를 배운다. 또한 바르트는 '현실성'의 개념 속에서 합리주의, 정통주의, 신비주의가 비판되는 사실Kurt Galling, 1963, 275을 알게 된다. 이때 현실성은 개인의 체험이며, 이 체험은 사고보다 더 중요하다. 체험으로서의 현실성은 소위 모든 하느님 개념을 부정해 버린다는 사실을 바르트는 간파한 것이다. 헤르만에게 계시는 성서나 전달 자체가 아니라, 직접적 현재 속에 있는 주관적·인격적 경험이다. 즉 객관적 계시로서 예수 그리스도는 '신자의 실제적 경험' 속에서 주관적이되고 동시대적이 된다. 헤르만에게 모든 현실성은 '하느님과의 교제', 즉 '내적인 예수의 삶'을 체험하는 것이다W. Herrmann, 1903; 33. 여기에 대해 바르트는 1912년 「기독교 신앙과 역사」라는 글에서 칼뱅의 그리스도론과 헤르만의 그리스도론을 연결시키고자 한다. '우리 밖의 그리스도Christus extra nos'라는 칼뱅의 가르침은 헤르만 신학의 '우리 안의 그리스도Christus in nobis'로 보충되어 나타난다. "우리 밖에 있는 그리스도는 우리 안에 있는 그리스도요, 실제적 역사가 기독교 역사"K. Barth, 1912; 1-18, 49-72라는 것이다.

'현실성'에 대한 바르트의 관심은 사회주의의 노력에서도 나타난다. 그는 거기서 '하느님의 흔적'을 본다. 1911년 그는 예수 그리스도와 사회 운동이란 강연에서 사회성 없는 기독교를 비판한다. "1,800년 동안 그리스도 교회는 영Geist과 내면생활을 강조하고 천당에 갈 후보자를 준비하기 위해서 사회적 궁핍을 기정사실로 받아들였다"K. Barth, 1911, Nr.154-156. 바르트는 여기서 기독교의 값싼 영에 대한 문제성을 지적하고 있다. 이것의 영에 대한 이해는 우선 사회주의 목사로서 종교 사회주의에 가담하여 현실 문제에 참여할 때 구체화된다. 이때 현실성의 문제는 종교 사회주의자들의 하느님 나라 개념과 일치한다. 하느님은 믿음의 대상에서 주격으로, 그리고 '하느님 나라의 뜻을 실현시키는 분'이 된다. 바르트는 하느님의 현실성인 영이 '내Ich' 안에, '문화' 안에 나타난다고 본 것이다. 결국 신학 수업을 통한 바르트의 영 이해는 문화 개신교 아래서 낙관주의적으로 사고하게 되었고, 결국 계시와 이성, 하느님과 인간, 교회와 문화를 조화시키는 '종합적' 내지는 '변증법적' 사고를 하였다고 볼 수 있다. 비록 그가 상황에 따라 부정Nein을 한다고 해도 말이다.

II. 인간의 영과 하느님의 영의 분별 시대1914-1933

  앞에서 밝힌 바대로 스승 헤르만에게서 바르트는 신학의 주관적 원리인 인간과 밀착된 이른바 '성령의 신학'으로 가는 동기를 발견했다. 그러나 1914년 제1차 세계대전과 더불어 인간 자율의 무한한 가능성과 역사의 종국에 인간이 구축한 유토피아 세계가 도래한다는 '문화 개신교'는 이미 문제로 드러났다. 특히 헤르만이 빌헬름 2세의 전쟁 정책에 서명했을 때, 바르트는 실망하여 그가 생각한 주격성·현실성·자유성에 문제를 제기하였다.

> "우리는 몇 번이나 그리스도를 세속화시켰다. 과거에는 민족 사상을 내세워 스위스 제일주의, 독일 제일주의라 하였고, 이제는 사회 민주주의, 평화주의, 방랑주의, 자유주의라고 하면서 우리에게 엄습해 오고 있다. 그러나 이제 우리는 다시 한 번 이로 인해서 그리스도를 또 한 차례 배반하지 않을까 하는 두려움을 가지지 않을 수 없다"K. Barth, Nr.154-156.

여기서 바르트는 '객관적 진리'를 강조하게 된다. 그것이 바로 『로마서 주석Der Römerbrief』이다. 바르트는 그의 첫 작품 『로마서 주석』 제1판(1919)과 제2판(1922)에서 기독교의 하느님의 거룩함을 강조한다. 그는 1914년 제1차 세계대전이 일어났을 때, 하느님 없는 인간성을 통찰하게 되었다. 특히 자신이 존경하는 자유주의 신학자들이 빌헬름 2세의 전쟁 정책에 지지선언을 하고 나왔을 때 그는 19세기 자유주의 신학에 대해서 근본적 물음을 던졌던 것이다. 그가 그렇게 신뢰했던 자유주의 신학에서 그는 하나의 혼돈을 본 것이다. 그는 『로마서 주석』 제1판에서 강조하기를 세상을 변혁시키는 것은 인간이 아니라, 하느님이라는 것을 확신하기 시작했다. 인간은 세상을 개혁하고 발전시키고자 한다. 그러나 어떤 세상적인 것이나 어떠한 인간적인 것도 세상을 새롭게 할 수 없다는 것이다. 그것이 민주주의를 위한 것이든, 사회민주주의를 위한 것이든 마찬가지라고 한다.

하느님은 이 세상을 개선하는 것이 아니라 새롭게 창조하시는 분이다. 바르트는 여기서 하느님의 혁명을 강조했다. 그의 하느님의 혁명은 하느님나라와 연결된 종말론적 사상과 연계되었다. 인간의 어떤 이데올로기도, 진보든 보수든 하느님나라라고 선전해서는 안 된다는 것이다. 그리스도인은 "한 손에는 성경을, 또 한 손에는 신문을"이라는 삶의 방식을 표현했다. 이러한 인간에 대한 패기와 긍정성이 동시에 존재하고 있다. 그러나 지금 내가 하고 있는 일은 하느님의 일과는 상관없다는 것이다. 진정한 근원은 오직 하늘로부터 온다는 것이었다. 바르트는 종교사회주의자 크리스토퍼 불룸하르트의 "기다리고 서둘러라 Warten - Eilen"는 신학적 사고 속에서 함께 신 중심의 사고로 전환을 했다.

바르트는 『로마서 주석』 제2판에서 키르케고르Kierkegaard가 사용한 용어를 인용하여 하느님과 인간의 위치를 서술한다.

"하느님은 하늘에, 너 인간은 땅에."

"하느님과 인간의 무한한 질적인 차이"K. Barth, 1922, 13.

"유한은 무한을 파악할 수 없다."

"하느님은 인간 속에, 문화 속에 있는 것이 아니라 '전적인 타자'이다."

바르트는 "하느님은 하늘에, 너 인간은 땅에Gott ist im Himmel, du auf der Erde"라고 하면서 하느님과 인간의 철저한 단절을 통해 자유주의 신학이 하느님과 인간의 자리를 혼동하여 애매하게 한 것을 비판하는 것이었다. "전적인 타자totaliter aliter"인 하느님과 인간 사이에는 무한한 질적인 차이가 있어서 어떤 접촉점도 가질 수 없다는 것이다. 그것이 19세기 문화 개신교Kulturprotestantismus에 대한 비판이 된 것이다. 이러한 바르트의 인간중심의 자유주의 신학에서 신 중심으로의 전환은 『로마서 주석』 제1판(1919)과 제2판(1922)을 내면서 더욱 급진적으로 되었다. 자유주의 신학은 인간의 죄성을 깊이 인식하지 못했다고 보았다. 제2판은 자유주의 신학자들이 놀던 놀이터에 떨어진 폭탄으로 비유할 만큼, 하느님에 대한 강한 강조를 나타냈다.

위의 명제들은 혼돈 속에서 질서를 구축해 주는 복음이었다. 바르트는 19세기 신학이 계시와 문화를 혼합하여 진리를 주관적으로 해석하고 적용했을 때, 아니오Nein를 말하면서 객관적인 진리인 하느님을 말하였다. 19세기 문화 개신교 아래 하느님과 문화, 하느님과 인간이 혼합되었던 것이 다시 분리되고 구별되어 제자리를 찾게 된 것이다. 여기서 사람들은 그를 초월주의자 혹은 위기의 신학자라고 하였다. 그러나 바르트가 하느님과 인간을 구별시킨 것은 새로운 통찰이었다. 그는 19세기 자기 스승으로부터 배운 '현실성'의 개념에서 '하느님의 영'과 '인간의 영'이 혼합되어 있음을 보았던 것이다. 그래서 인간 자체로부터 출발하려고 하는 가능성에 제동을 거는, 또 하나의 새로운 현실성을 강조해야만 했다. 이것은 인간에 의해 규정된 인간의 현실성이 아니라 하느님 자신으로부터 온 성령의 현실성이었다.

여기서 바르트는 인간의 때가 묻지 않은 복음을 캐내려고 한다. 그것은 십자가와 부활이 말하는바 바로 그것이었다. 바르트는 그것을 "원 역사Urgeschichte"라고 했다. 예언자들과 사도들이 말한 것이 하느님의 말씀이었을까? 그는 어떤 인간의 말도 예외 없이 하느님 자신의 말씀이 되지 못한다2판고 보았기 때문에 그들의 말은 하느님의 말씀이 될 수 없다고 하였다. 이 세상에 존재하는 어떤 것으로도 하느님을 말할 수 없는 것이다. 그것은 인간의 언어가 아니라, 삼위일체의 하느님의 신비를 말하는 신학이요, 또한 하느님의 영광을 말하는 신학이었다.

바르트는 『로마서 주석』 제1판(1919)과 그리고 내용을 달리한 제2판(1922)에서 다함께 하느님과 인간의 화해론의 출발점은 인간이 아니라 오직 하느님이라는 것을 제공한다. "오직 하느님" 신앙만이 절대적이고, 스스로 경건에 이르려고 노력하는 경건주의, 율법주의, 도덕주의 그리고 유토피아를 추가하는 공산주의, 사회주의, 종교사회주의는 하나의 우상일 뿐이다. 평화를 구가하는 종교 평화운동과 세계 동포주의도 하나의 이념일 뿐이다. 인간으로부터 나온 어떤 낙관주의도 화해의 기초가 될 수 없다. 세상과 역사를 위기에 몰아넣고 심판하시는 하느님만이 화해의 주격이 된다는 것이었다. 그래서 바르트는 우선 하느님과 종교, 하느님과 문화를 연결하고자 했던 어떤 사상에게도 틈을 주지 않은 것이었다. 그래서 그는 자유주의 신학자들의 사상을 비판한 것이다.

물론 이 시기에 '하느님과 인간의 질적인 구별'을 말하는 사고에서 내재성을 말하는 성령 이해가 잠시 멈춘 느낌이 든다. 그러나 이것은 당시의 '삶의 정황'이 그를 그렇게 몰고 간 것이다. 오히려 그러한 질적인 구별을 통해 하느님의 영과 인간의 혼돈을 가져오지 않는다는 것을 확실히 해 주었다고 볼 수 있다. 왜냐하면 '하느님과 인간의 질적인 구별'은 우리에게 새로운 사고, 즉 '혁명적 사고'U. 단네만, 1985, 35를 동시에 가능케 해 주었기 때문이다. 하느님의 영인 성령이 인간에게 임할 때, 인간은 잠시 침묵해야 한다. 성령이신 하느님이 인간에게 거하기 전에, 인간은 적극적인 사고를 해서는 안 된다.

III. 투쟁과 항거의 시대 1933-1951

『로마서 주석』을 통한 신학 사상 때문에 바르트는 초월주의자나 부정Nein!만을 말하는 자로 인식되었다. 그러나 그에게 있어서 '초월'의 개념은 세상으로부터의 '분리'가 아니라, 세상과의 '구별'을 말해주는 것이었다.

바르트는 비종교적 언어, 즉 세상의 언어에 절대적 관심을 두는 것이 아니라. 가나안의 언어, 즉 계시의 언어에 우리의 모든 관심을 쏟아야 한다고 한다K. Barth, 1956: 48. 그의 그리스도 중심적 사고는 바로 텍스트 신학을 강조함에 있다. 그러나 텍스트 중심, 곧 그리스도 중심적 사고는 단번에 일어난 성육신 사건을 강조하는 것은 물론 무엇보다도 현재 살아서 역사하는 그리스도를 강조하고 있다. 이러한 그의 신학적 관심은 그리스도의 1회적 구원의 업적만을 강조하는 전통적 그리스도론과는 다르다. 전통적 그리스도론이 이 땅의 문제들을 소홀히 하거나 소극적으로 취급할 수밖에 없었는 데 반해, 바르트의 그리스도론적 사고는 현실의 문제에 대해 추상적으로 다루지 않고 구체적으로 이끌어 나간다.

1933년 히틀러의 나치 정권이 시작되었을 때, 바르트의 신학적 참여는 자신의 신학적 현주소를 말해주고 있다. 바르트는 1917년 친구 투르나이젠E. Thurneysen과 함께 설교집, 『하느님을 찾아라, 그러면 살 것이다Sucht Gott, So werder Ihr leben』를 출판하고, 오늘의 신학적 실존Theologische Existenz heute이라는 신학지를 발간하여 본격적으로 히틀러에 대한 교회 항거 운동의 지도자가 된다. 소위 독일 크리스천들이 반유대주의를 말하는 '아리안 입법 조항'을 승인함으로써 이들의 민족주의적 성격은 가속화되어 나갔다. 이들은 독일 국민만으로 이루어진 독일 교회를 강조하고, 독일 국민에게 대한 봉사만이 하느님에게 대한 봉사라고 주장했다. 오직 독일 국민, 독일 교회, 독일 크리스천이 강조됨에 따라 히틀러는 어느새 정치적 지도자로서뿐만 아니라, 독일 민족의 메시아로 여겨지고 있었다. 바르트의 나치스 히틀러에 대한 항거와 투쟁1932-1935은 강연, 설교, 저서를 통해 계속되었다박봉랑, 1991, 412-420.

히틀러가 메시아로 고백되는 이러한 상황에서 바르트는 교회를 향해 히틀러의 위험을 경고하고, 본질적인 사명으로 주의를 돌리도록 행동 방향을 제시한다. "교회는 이제 아무 일도 일어나지 않은 것처럼 나아가야 할 것이다. 정치적 영역에서 일어난 모든 것이 교회의 사명을 변경할 수 없고, 변경해서도 안 되기 때문이다. 교회의 혁신은 세상에 의해서 파기될 수가 없고, 또한 정치적 운동의 결과일 수 없다. 교회는 순수한 복음을 선포하는 이상으로 국가적·정치적 혁신에 더 좋은 봉사를 할 수가 없다"박봉랑, 1991, 415.

바르트는 어떠한 일에 있어서도 신학적 실존을 위탁받은 교회는 자신의 고유한 사명인 하느님의 말씀을 이 세상 모든 나라에, 그리고 독일 국가 사회주의에 선포해야 한다고 한다. 또한 그는 독일 교회는 순수한 독일 사람의 피를 가진 민족만으로 구성되어야 한다는 독일 크리스천들의 아리안 조항에 반대하였다. 교회의 친교는 성령과 세례에 의해서 결정되지, 결코 피와 인종에 의해서가 아님을 확실히 한다. 더욱이 그는 자연, 인간의 존재, 질서, 국가, 이데올로기 등이 신의 위치에 있을 때 복음이 변질되는 것을 보았다.

그는 오직 예수 그리스도 안에서 자신을 계시하신 하느님의 말씀만 믿을 것을 요구했다. 반유대주의를 표방한 나치 정권 아래서는 창조의 질서, 자연신학, 역사, 양심, 루터교의 두 왕국론 등은 의심할 수밖에 없는 술어들이었다박봉랑, 1991, 412. 아리안 조항 아래서 독일 크리스천들이 비복음적으로 함몰되어 갈 때, 거기에서 '아니오!Nein!'를 말하는 작은 그룹이 있었는데 바로 그것이 '고백 교회'이다. 여기서 성령은 바르트를 중심으로 하여 본회퍼, 니밀러, 니젤, 아스뭇센 등을 사용하여 1934년 5월 '고백교회'를 탄생시키고, 하느님 말씀을 하느님 말씀이 되도록 하는 '바르멘 고백적 선언'이 발표되도록 한 것이다.

새로운 교회 탄생과 신학적 선언은 무엇보다도 시대의 풍조를 따라가는 소위 독일 크리스천에 대한 항거 운동이었고, 동시에 나치 정권을 분명히 거부하는 투쟁적 표현이었다. 바르멘 선언은 하느님의 말씀을 기초로 한 사도신경과 각종 신조들, 그리고 종교 개혁의 신앙 고백을 오늘의 상황에서 재현시키는 그러한 것이었다. 교회는 자체에 위탁되고 명령된 봉사를 떠나서 어떤 정치적 확신을 따라 지배할 수 있는 권세를 가진 특수한 지도자들을 세우는 일을 거부해야 한다는 것이다.

당시 선교신학자 브루너E. Brunner가 『자연과 은총Natur und Gnade』이라는 글에서 '존재의 유비analogia entis'를 사용하여 자연신학을 신학적 진술로 삼고자했을 때, 바르트는 자연과 은총이 혼합되어 서술되는 것에 대하여 '강력한 거부Nein!'로 응수했다. 왜냐하면 바르트는 브루너가 자연신학의 가능성을 통해 오히려 독일의 크리스천들이 행하는 거짓된 가르침을 지원하는 데 결정적 역할을 할 수 있다고 보았기 때문이다. 바르트에게 있어서 선교는 교의학적 선포를 통해서 이루어지지, 브루너처럼 결코 자연이나 인간, 그리고 어떤 역사를 통한 접촉점이 될 수 없었다. 바르트는 브루너의 자연신학 인정을 통해 히틀러가 계시의 접촉점이 될 수 있다는 위험을 본 것이다. 따라서 그는 인간이 자연 속에 접촉점을 가진다고 하는 것에 반대하며, 자연과 역사와 인간이 접촉점을 가질 수 있는 것은 오직 성령을 통해서만 가능하다고 보았던 것이다박봉랑, 1991; 419.

우리는 지금까지 히틀러 독재 정권의 상황에서 하느님의 말씀의 신학자 바르트가 어떻게 행동했는가를 보았다. 그는 항상 상황에 문제를 두는 것이 아니라, 텍스트 즉 내용Sache에 관심을 가졌다. 이것이 바로 성령의 현실에서 이루어지는 하느님 말씀의 신학이었다. 성령 안에서 텍스트는 텍스트 그대로 머물러 있지 않고 상황을 변화시킨다. 성령은 혼돈된 상황에 침투하여 고백 교회를 탄생시켰고, 그 상황에 대항하는 신학적 고백 선언을 선포하게 한 '투쟁'과 '항거의 영'으로 나타났다.

바르트 신학의 특성은 현실성을 지향한다. 말씀의 최종 목표는 선포에 있다. 선포는 '교회의 위탁Der Auftrag der Kirche'이다. 교회의 선포가 있는 곳에 윤리가 있고 삶이 태동한다. 따라서 선포는 우리의 삶의 현장과 마주치는 현실이다. 그의 신학은 말씀과 상황을 함께 어우르는 신학적 작업에서 계시의 신학, 선포의 신학 그리고 교회의 신학으로 나타난다. 바르트의 '하느님 말씀의 신학'은 그가 처한 현실상황에 적용되기 위해서 다음과 같은 세 가지 난관을 극복해야만 했다.

첫째, 19세기 문화 개신교 및 그와 관련해서 이루어진 '자유주의 신학' 대한 극복이다. 바르트는 18세기 합리주의가 기독교를 신비가 없는 합리적 자연 종교로 격하시켰던 것처럼, 19세기 신학은 현대 정신과 타협한 나머지 기독교의 독자성과 절대성이 제거되고 상대화되어 힘없는 인간의 종교로 전락한 것을 간파한다. 그래서 그는 내재 속에 가려진 하느님의 주권, 초월, 하느님과 인간의 거리 등을 염두에 두는 신학을 생각했다. 그는 신학의 출발점을 하느님의 계시, 즉 그리스도를 중심으로 한 신학을 그의 신학적 프로그램으로 삼은 것이다.

둘째, 보수적 정통주의에 대한 극복이다. 보수적 정통주의는 기독교 신앙의 변호를 위하여 계시의 하느님을 합리적으로 증명하기 위해 자연신학적 유신론을 발전시켰다. 그들은 현대 과학과 역사 과학을 무시하고 성서의 '축자적 무오'라는 성서 축자영감설을 고집하는 교리주의자들이었다. 그래서 하느님은 교리와 동일시되어 주격인 하느님이 '그것'으로 객관화되었던 것이다. 여기서 바르트는 살아 있는 오늘의 하느님, 즉 계시의 현실성을 선포하는 문제를 제일선에 놓는 신학적 프로그램을 제시했다. 다시 말하면 정통신학의 계시-성서-선포, 그리고 성부-성자-성령의 순서를 바르트는 선포-성서-계시, 그리고 성령-성자-성부의 순서로 강조점을 달리하여 선포의 신학 내지는 성령의 신학을 프로그램으로 삼은 것이다.

셋째, 하느님이 교회와 교황의 권위로 대치된 '교권주의'와 자연신학적인 가톨릭 사상에 대한 비판이다. 가톨릭교회는 교회와 교직 제도 성례전sacrament을 절대화시킨 나머지, 교황과 교회를 절대시하게 되었다. 교황의 권위는 '보이는 하느님'이었으며, "교회 밖에는 구원이 없다"는 '교회 절대론'이 나왔다. 여기에 대해 바르트는 교회의 참된 의미, 즉 예수 그리스도의 뒤를 따르는 '제자직'을 말하는 교회관을 정립해야 한다고 함으로써 교회의 신학을 발전시켰다.

Ⅳ. 문화와 대화 시대 1952-1968

바르트는 그의 생애의 마지막 해인 1968년 『슐라이어마허 선집Schleiermacher-Auswahl』을 내는데 편집인으로부터 '앞자리 말'을 쓰도록 부탁을 받았을 때, 그는 '뒷자리 말'의 형식 속에서 19세기 신학의 아쉬운 점을 말한다. 바르트는 자신의 삶을 회고해 보면서 '체험 · 경험 · 현실 · 윤리 등'의 개념으로 묶을 수 있는 19세기의 '삶의 신학'을 "성령론의 관점에서 사고하고 전개했더라면 얼마나 좋았을까?" 하고 인간과 문화 강조의 신학에 대한 자신의 입장을 털어놓고 있다. 만약 슐라이어마허가 "신앙 고백의 제3조항, 즉 성령의 신학에 가능성을 두었더라면…, 그리고 신앙 고백의 제1조항과 제2조항의 성부, 성자를 믿고 생각하고 말할 수 있는 모든 것이 근본적으로 아버지와 아들 사이에 평화의 띠를 제시하고 설명해 주는 성령이신 하느님을 통하여 가능하다고 했었더라면…"K. Barth, 1968, 311 좋았을 것이라고 한다.

바르트는 『19세기 프로테스탄트 신학사Die Geschichte der protestanischen Theologie des 19. Jahrhunderts』에서 슐라이어마허를 '신학사에서 찾아보기 힘든 영웅'이라고 말하고 있지만 그를 추종하지는 않았다. 그럴 수도 없었다. 왜냐하면 19세기 문화 개신교는 신앙 고백의 제3조항, 즉 성령의 조항을 소홀히 하거나 애매하게 했기 때문이다. 바르트가 그들을 인용할 때는 "그들이 성령론적인 관점에서 신학적 입장을 전개했더라면 좋았을 텐데…" 하고 언제나 '가정법'을 사용한다. 그들은 모든 것을 성령론적 관점이 아니라 인간론적 관점으로 보았기 때문에 모든 것이 잘못되었다고 본 것이다. 이러한 인간 중심적 관점은 비단 19세기뿐만 아니라 20세기 신학자들과 신학적 논쟁을 통해서도 나타난다. 예를 들면, 바르트는 불트만과의 편지 교환에서 신학적 입장을 확실히 하면서 아쉬움을 남긴다. "당신께서 그것에서 벗어나고자 하는 바로 이것이 신앙 고백의 제3조항, 즉 성령의 신학을 이해하기

위한 시도였으면 좋으련만…"B. Jaspert, Nr.95. "신앙의 제3조항과 제
2조항의 관계가 설명되어, 즉 후자인 예수 그리스도가 전자인 성
령 안에서 사라지지 않고, 오히려 예수 그리스도에 대하여 그 자
신의 품위에서 분명히 했으면 좋았을 텐데…"K. Barth, 1968, 311.

　이러한 자유주의 신학의 경향은 불트만의 인간의 이성에 정
초된 '비신화화'를 비롯하여 고가르텐Fr. Gogarten에게서 '새 시대
의 특별한 역사 경험'과 틸리히P. Tillich의 '철학적 진리 자각', 브루
너E. Brunner의 '자연과 은총'의 물음 등에서도 나타났다. 바르트가
이들의 사고를 문제 삼은 것은 이들이 성령을 소홀히 하여 결국
신학이 인간학으로 떨어지는 위험을 보았기 때문이다. 이들이
만약 신앙 고백의 제3조항을 근거로 하여 이들의 신학적인 입장
을 말했다면, 바르트는 이것이 인간학적인 시도이든, 문화적인
시도이든, 자연적인 시도이든 간에 이들의 신학은 옳았을 것이
라고 말한다. 바르트의 성령에 대한 관심은 그의 후반 50년대를
지나면서 이제 구체적으로 형성된다. "나는『교회 교의학Kirchliche
Dogmatik』IV/1-3에서 최소한도 교회를 서술할 때, 그리고 믿음·
사랑·희망을 서술할 때 '성령의 표시Zeichen'에서 강조하였던 좋
은 의도가 있었다"K. Barth, 1968, 311.

　바르트는 18세기 합리주의로부터 시작하여 슐라이어마허, 그

리고 그의 후속 타자라고 할 수 있는 오늘의 실존신학이 충분히 성령론적이지 못하다고 본 것이다. 그는 모든 인간학적 출발에 대하여 교의학적인 진술, 여기서는 성령의 조항을 의도적으로 강조한 것이다. 바르트는 좋은 의도를 가지고, 1,200면에 달하는 분량을 성령론적으로 뚜렷하게 서술하고 있다KD IV/1-3. 이것은 그가 지금까지 그리스도 중심적 서술에서 그의 생애 후반부에 와서는 신앙 고백의 제3조항인 성령에 대해서 더 큰 관심을 가졌다는 입장 표명이었다. 바르트의 생의 후반부에 나타난 신학적 관점은 그가 이렇게 비판한 19세기 자유주의 신학의 특징인 인간 · 문화 · 역사 · 자연 · 체험 등의 내재적 관심을 성령론적 관점에서 다시 대화로 끌어들인 것이다. 이것은 성령론적인 관심에서 인간과 문화에 대해서 긍정에 긍정을 말하는 긍정적 신학을 말하는 것이었다.

이러한 대화Dialog의 채널을 마련해 놓았을 때 그에게 인생의 종말이 다가왔다. 바로 죽기 전 날, 세계기도 주간을 맞아 가톨릭 및 개신교 신자들을 상대로 생각하여 「깨어라, 회개하라, 고백하라Aufbrechen, Umkehren, Bekennen」는 강연을 집필해 놓고 난 다음 날 아침 그가 늘 좋아하고 영감을 받은 모차르트Mozart의 음악을 들으면서 1968년 12월 10일 영원히 잠들었다K. 쿠피쉬, 1985, 213f..

제2부 『교회 교의학』의 신학적 논제들

바르트의 교회 교의학은 오로지 예수 그리스도 중심과 삼위일체론의 관점에서 상황을 침투하는 신학이다. 방법론적으로 말하면 그의 신학은 '변증법적 원칙'과 '신앙의 유비analogia fidei' 위에서 '케리그마적 관점'으로 쓰인 것이다.

제 1 장
하느님의 말씀론: 교의학 서론

I. 『교회 교의학』의 구조

바르트의 『교회 교의학』은 "프로테스탄트의 신학 대전Protestant Summa"이라고 불렸다. 그러나 그의 교의학은 중세 스콜라철학이 신학과 철학을 같은 차원으로 취급하여, 신학적 내용들을 철학적으로 이해시키고자 하는 사변적인 서술을 했다기보다는 하느님 말씀에 대한 봉사와 복종과 충성의 결과로서 '교회에 봉사하는 학문'으로 유일성을 취급했다. 이것은 19세기 자유주의 신학이 걸어온 '대학 강단의 신학Schuldogmatik', 즉 학문 자체를 위한 신학과는 분명히 다른 것이었다. 그의 신학전체는 계시의 특성을 가지고 있다.

그의 『교회 교의학Die kirchliche Dogmatik』 13권의 구조는 다음과
같다.

① KD, Ⅰ/1, 1932(46세) ── 하느님의 말씀론
　KD, Ⅰ/2, 1938(52세) ── 프롤레고메나(Prolegomena)
② KD, Ⅱ/1, 1940(54세) ──
　　　　　　　　　　　　　신　론
　KD, Ⅱ/2, 1945(57세) ──

③ KD, Ⅲ/1, 1948(62세) ──
　KD, Ⅲ/2, 1950(64세)
　KD, Ⅲ/3, 1950(64세)　창조론
　KD, Ⅲ/4, 1951(65세) ──

④ KD, Ⅳ/1, 1953(67세) ──
　KD, Ⅳ/2, 1955(69세)
　KD, Ⅳ/3-1, 1959(73세)
　KD, Ⅳ/3-2, 1959(73세)　화해론
　KD, Ⅳ/4, 1965(79세) ──

바르트의 신학 사상의 변천을 전기, 중기, 후기로 표시하면, 다음과 같이 나눌 수도 있다. 전기 바르트는 『로마서 주석』에서 출발한 그의 첫 번째 신학적 변혁에서 『기독교 교의학Christliche Dogmatik』까지 10여 년간, 중기 바르트는 안셀무스의 연구가 적용된 『교회 교의학』 제1권의 "하느님 말씀론", 제2부와 제2권의 "신론", 제3권의 "창조론"까지 약 15년간, 후기 바르트는 『교회 교의학』 중 제4권의 "화해론"(1953-1965)과 "하느님의 인간성"(1956)의 시기를 말한다.

바르트는 인간사에 대한 부정Nein은 최고의 예술이 아니라고 했다. 하느님에 대한 인간의 항거와 죄가 아무리 험악해도 하느님의 은총과 긍정Ja이 승리한다는 것이 그의 「하느님 말씀의 인간성Die Menschlichkeit Gottes」에서 나타내고 있다. 그는 신성을 올바르게 이해하려면 인간성에 대한 이해를 포함해야 하며, 그의 신성은 인간성으로 둘러싸여 있다고 했다K. Barth, 1956: 48. 또한 그는 만약 그의 신성 안에 인간성이 우리와 직접 만나지 않는다면 이것은 잘못된 신성일 것이라고 말한다K. Barth, 1956, 16. 이것은 명백한 신학적 강조점의 변화이다.

이제 바르트는 『로마서 주석』에서처럼 '하느님 자체Gott an sich'나 인간과 질적으로 다른 '절대 타자der ganz Andere'로서의 하느님을 말하지도 않고, 예수 그리스도만을 말하는 '계시 실증주의자'로 오해받지도 않는다. 여기서 하느님은 인간의 상대자partner로서 하느님이요, 언약을 수행하시는 하느님이시다. 이와 같이 하느님은 인간 안에서, 인간과 더불어 인간을 통해 역사하시는 인간의 하느님, 즉 대화의 하느님이시다. 이제 하느님은 전부이고 인간은 아무것도 아니라는 말은 비기독교적이다. 하느님은 인간을 위해 모든 것을 하셨다. 예수 그리스도는 하느님의 인간 긍정이다. 이제 바르트는 하느님의 인간됨 속에서 "하느님은 인간이다"라고까지 말한다K. Barth, 1956, 46f.. 이와 같은 전환에 대하여 브루너E. Brunner는 후기 바르트를 "새 바르트Neue Barth", 오스본R. T. Osborn은 "새새 바르트"라고 부른다E. Brunner, 1951, 89ff.; R. T. Osborn, 1964, 62-75.

후기 바르트의 '하느님의 인간성' 강조는 다시 그의 교의학 제4권 화해론에서 '그리스도의 모방'과 '제자직으로의 부름' 등의 윤리 속에서 더욱 구체화된다. 그의 화해론에 나타난 윤리의 강조는 종교 개혁자들의 '오직 신앙만sola fide', '오직 은총만sola gratia'의 전통을 이어오면서, 보다 구체적으로 현실적인 삶에 적용한다는 점에서 종교 개혁자들을 넘어선다. 1961년 바르트가 75세가 되던 해에 그의 기념 논문집인 『우상이 비틀거린다Der Götze wackelt』가 나왔다. 이제 그는 바젤 대학교에서 칼뱅의『그리스도의 삶』과『복음주의 신학 서론Einführung in die evangelische Theologie』을 강연을 끝으로 그의 40년간의 교수 생활에서 은퇴한다.

끝으로 지금까지 그의 신학 사상의 '강조점' 변화를 도표를 통해 정리해 보자.

19세기 자유주의	『로마서 주석』 1919, 1922년	『교회 교의학』 1932년	"하느님의 인간성" 1956년
문화 개신교	변증법적 신학	하느님 말씀의 신학	대화의 신학
슐라이어마허 리츨 하르낙 헤르만	제1차 세계대전 빌헬름 2세의 전쟁 정책에 지성인 93명 서명	안셀무스 연구	『슐라이어마허 선집』의 뒷자리 말
신학수업 목회	"하느님은 하늘에 인간은 땅에!"	『기독교 교의학』을『교회 교의학』으로	"대화"의 삶
하느님이 인간의 현실성 속에	Nein! 하느님과 인간의 무한한 거리	예수 그리스도 안에서 접촉점	성령의 신학에서 인간 현실 강조
인간론적 (in nobis)	신중심적 (extra nos)	예수 그리스도 중심적(pronobis)	성령론적 (in nobis)

위의 도식을 보면 '인간'을 강조하고 있다는 점에서 19세기 신학이나 후기 바르트 신학이 같다. 그러나 자세히 보면 19세기 신학이 인간론적organisch 서술을 하고 있다면, 후기 바르트는 신학적theologisch 서술, 즉 성령론적으로 인간을 강조하고 있다. 따라서 성령론의 강조는 삼위일체 속에서 다시 그리스도 중심적인 '하느님 말씀의 신학'의 주제를 벗어나지 않는다.

하느님과 인간은 그리스도를 통해 화해가 된다. 그리스도는 인간에게 '복음good news'으로 다가온 것이다. 그리스도는 하느님과 인간의 다리가 된다. 『로마서 주석』 제2판(1922)에서 보여준 바르트 신학은 상황을 고려해 볼 때 "시대의 딸"로서는 가치가 있더라도 성서적 복음적 이해에는 못 미쳤다고 볼 수 있다. 왜냐하면 인간에게 복음으로 다가오지 않고 있기 때문이다. 바르트는 1922년 "신학의 과제로서 하느님의 말씀"이라는 강연 속에서 "우리는 신학자로서 하느님을 말해야 한다. 그러나 우리는 죄인으로서 하느님을 말할 수 없다"는 두 축을 말하고 있다. 그는 어떻게 이런 긴장을 해소할 수 있을까 고심하고 연구에 몰두했다. 그는 칼뱅, 츠빙글리, 슐라이어마허, 하이델베르크 신앙문답 등 개혁교회 전통의 신학들을 집중적으로 연구했다. 그는 거기서 자유주의 신학보다는 종교개혁자들을 통해서 보다 "성서로 가는 길", 즉 "하느님 말씀의 신학Theologie vom Wort Gottes"의 토대를 발견하였다.

앞에서 줄곧 언급했듯이 그의 신학 사상은 그가 처한 현실이라는 상황에서 보다 더 잘 이해할 수 있다. 텍스트, 곧 '하느님의 말씀'을 그의 신학으로 명명하였지만, 그가 처한 종교적·정치적 상황을 떠나서 말하지 않았다. 따라서 바르트의 하느님 말씀의 신학은 '상황 신학context theology'이 아니라, 텍스트 신학text theology으로서 상황에 민감한 신학으로 나타난 것이다.

II. 교의학 서론Prolegomena

바르트의 신학은 전체적으로 "하느님의 말씀의 신학"이라고 명명할 수 있다. 그의 신학 전체는 하느님 말씀에 따라 좌우된다. 왜냐하면 그는 신학적 진술을 철저하게 성서에 근거해서 기술하고 있기 때문이다. 그래서 그는 그의 장대한 신학 프로그램 『교회 교의학』을 시작하면서 맨 처음 하느님의 말씀을 그의 신학의 기초를 놓는 '신학적 서론Prolegomena'으로 시작했다. 그의 '하느님의 말씀론Die Lehre vom Wort Gottes'은 그의 『교회 교의학』 13권

중 I/1권과 I/2권에 해당하며, 그것은 그의 교의학 내지는 그의 신학사상 전체를 이끄는 기차의 기관실에 해당한다. 그는 거기서 머리말이나 앞자리 말이 아니라 신학 전체를 이끌고 나가는 교의학 방법론과 함께 교의학의 내용, 대상 그리고 과제를 다룬다. 우리는 여기서 신학의 핵심인 하느님의 말씀의 위치와 계시와 성육신을 말하는 동정녀 탄생을 간단히 언급하고자 한다.

1. 하느님 말씀의 3형태

교의학 기준으로서의 하느님의 말씀을 바르트는 세 가지 형태로 나누어 설명한다.

1) 선포된 말씀Das verkündigte Wort Gottes

2) 기록된 말씀Das geschriebene Wort Gottes

3) 계시된 말씀Das geoffenbarte Wort Gottes

선포는 설교요, 기록된 말씀은 성서요, 계시된 말씀은 예수 그리스도이다. 우선 하느님의 말씀은 '선포'를 통해서 현장과 맞닿는다. 선포 없는 하느님의 말씀은 죽은 문자에 불과하다. 또한 이 선포는 '성서'를 근거로 하여 이루어진다. 즉 성서가 왜 그렇게 쓰였는가를 묻는 당시의 '삶의 자리'를 살펴보는 '성서의 주석'과 그리고 이것의 오늘의 의미를 따지는 '성서의 해석'이 요구된다. 마지막으로 성서의 핵심을 이루고 있는 계시된 말씀으로서 인간이 되신 하느님, 즉 예수 그리스도가 있다.

예수 그리스도는 우리에게 나타난 구체적 하느님이다. 계시된 하느님이 우리의 신앙의 출발점이요, 인식의 거점이 된다. 바르트의 하느님 말씀의 특수한 점은 무엇보다도 세 가지 말씀의 형태로만 온전한 하느님의 말씀을 이룬다는 것과 그리고 선포가 맨 먼저 나온다는 것이다. 정의하자면 말씀의 신학은 '선포' 중심이요, '성서' 중심이요, '예수 그리스도' 중심의 신학을 말한다. 그리고 이 셋을 구별은 해야 하나 분리시킬 수는 없다. 바로 이러한 '구별과 분리'에 대한 바른 정립을 통해서만 주관주의적 자유주의 신학과 성서를 문자적으로 보는 정통주의 신학에서 벗어날 수 있다. 여기서 주목할 것은 '선포된 말씀'이 맨 앞에 위치한다는 점과 하느님의 말씀은 위의 셋을 모두 합쳐야 비로소 성립된다는 점이다. 바르트가 선포를 맨 앞에 둔 것은 하느님의 말씀이 선포되는 현장을 맨 먼저 염두에 두어 적용과 변화를 모색한 것이다. 그 선포는 세상의 이야기가 아닌 기록된 성서의 말씀에 근거하여 하느님의 말씀을 듣도록 한 것이다. 또한 그 기록된 말씀은 성서의 문자에 매이는 것이 아니라 예수 그리스도의 계시에 조명되어 성서의 바른 해석을 꾀한 것이다.

　바르트에게 있어서 계시는 하느님 말씀의 세 가지 형태 중에서 가장 기초를 이루는 성육신Fleischwerdung의 사건Geschichte 속에서 단 한 번에ein für allemal 구체화된 예수 그리스도 사건이다. 하느님의 말씀은 바로 계시에 대한 이해다. 즉 계시 속에서 하느님의 말씀은 바로 하느님 자신이다. 왜냐하면 하느님 자신은 파괴될 수 없는 통일성Einheit이며, 동시에 계시자Offenbardr, 계시Offenbarung, 계시됨Offenbarsein이기 때문이다. 여기서 바르트 신학의 독특성은 우선 삼위일체적으로 전개하고 있다는 사실이다. 또한 예수 그리스도와 성령을 표현할 때, '현실성Wirklichkeit'이 '가능성Möglichkeit' 앞에 온다는 점에서 그의 신학이 현실적이요 구체적임을 볼 수 있다.

　따라서 말씀 중심의 신학은 분명한 입장을 가진다. 오직 예수 그리스도라는 '신앙의 유비analogia fidei'를 통해서만 하느님과 인간, 영원과 시간, 초월과 내재가 만난다. 그러나 이들은 구별해야 하고 '분리'시킬 수 없다는 것이 말씀 신학의 특징이다. 동시에 '무엇이 앞서고 무엇이 위에 있는가?'라는 것은 말씀의 신학의 신학적 입장을 표명해 준다. 바로 이것은 1930년대 바르트가 히틀러 나치즘에 반대하면서 '오직 성서sola scriptura', '오직 예수 그리스도solus christus'를 통한 유일한 계시를 강조했을 때, 당시 상황context에서는 '전투의 신학'이 되었던 것이다. 이때 본회퍼는 아마도 좀 더 많이 상황을 말하기를 바랐던 의미에서, 성서와 계시만을 강조한 바르트의 '전투의 신학'을 '계시 실증주의'로 불렀던 것이다.

그러나 바르트에게 있어서 계시는 '하느님의 말씀'이며, 예수 그리스도 안에서 이루어진 한 사건이며 지금도 그 안에서 사건이 되고 있는werden 선포Verkündigung로 이해되는 것이다. 말씀하시는 하느님은 그의 아들을 통하여 말씀하시며 그 아들과 성령과 함께 일체이신 삼위일체 하느님이시다. 바르트에게 있어서 "하느님이 말씀하셨다deus dixit"라는 바로 이것은 그의 신학 전체의 출발점을 의미한다. 이것은 인간에 대한 하느님의 말 건넴이며 인간이 말하기 전에 하느님이 먼저 말을 건네셨음을 의미한다. 하느님이 말씀하신다는 것, 다시 말해서 하느님이 말씀해 오신다는 것은 인간과는 질적 차이가 있어 서로 연결될 수 없는 하느님이 말을 건네심으로써 인간과 관계하신다는 것을 말한다.

하느님이 인간에게 말을 건넴으로써 하느님과 인간 사이에 관계가 성립한다. 인간은 하느님이 말씀하심으로 인하여 하느님에 대하여 말할 수 있으며 하느님께 말을 건넬 수 있다. 인간이 먼저 말한 것이 아니라 하느님이 먼저 말씀하셨다는 것은 인간은 하느님께 말할 수 있는 능력이 없으며 오직 하느님께서 말씀하실 때에만 말할 수 있다는 것에서 하느님의 말씀의 사건은 계시의 사건이요, 영적 사건이다. 왜냐하면 그것은 인간이나 세계 내부에 있는 어떤 능력과도 무관하기 때문이다.

바르트는 하느님의 계시의 항목에서 삼위일체 하느님과 말씀의 성육 그리고 성령의 부으심을 다룬다.

1) 삼위일체 하느님 속에서 '창조자로서 하느님', '화해자서 하느님' 그리고 '구원자로서 하느님'을 만난다.

2) 말씀의 성육신 속에서 계시의 객관적 진리를 만난다. 왜냐하면 그는 계시의 현실성과 가능성이기 때문이다.

3) 성령의 부음은 계시의 주관적 진리를 만난다. 왜냐하면 성령은 계시의 주관적 현실성과 가능성이기 때문이다.

이제 하느님의 말씀은 삼위일체 하느님 안에서 계시는 영적 사건이 된다. 그러나 그것은 단순히 영과 육을 나누는 이원론의 영이 아니라, 육체, 자연, 그리고 인격을 나타내는 인간 전체와 만나는 영의 사건이 된다. 인간은 이러한 영적인 하느님의 말씀에서 그리스도가 주님이라는 것을 알게 된다. 하느님은 말씀을 통하여 우리에게 다가오시며 우리 가운데 계신다. 그것은 단순한 하느님의 임재가 아니라, 하느님과 인간 사이에 맺어진 계약과 관련하며 그것과 함께 하느님의 창조와 관계되고 그리고 그 창조 안에서 계약의 성취로서 하느님의 화해와 관련한다.

이와 같이 하느님의 말씀은 이제 사건이 되어 인간과 역사와 문화라는 현실에 임한다. 여기서 크리스천은 신앙에서 신비스럽게도 이 사실을 현실로 받아들인다. 이러한 의미에서 말씀의 신학은 인간성에서 출발한 신학이 아니라 하느님의 말씀, 즉 선포에서, 예수 그리스도에게서 나타난 하느님으로부터 출발한 신학이다. 따라서 '말씀의 신학'은 텍스트 신학이지, 콘텍스트 신학이 아니다. '하느님이 말씀하셨다,' '성서가 말한다', '예수 그리스도가 말씀하신다', '야훼 하느님께서 이렇게 말씀하신다'는 선언에서 텍스트 신학은 콘텍스트, 즉 상황에 민감하게 나타난다. 하느님을 섬기고, 하느님께 영광을 돌리는 것을 말씀의 신학은 제일 우선으로 한다. 바로 이것이 인간에게 가치 있는 일을 하게 하는 근거이기 때문이다.

2. 동정녀 탄생의 의미

이제 우리의 관심을 예수 그리스도의 성육의 신비의 말씀에 대해 살펴보자. 바르트는 동정녀 탄생에 대하여 우리가 긍정을 말할 수 있는 기쁨의 교리라고 본다. 그것은 예정의 참 의미는 그리스도의 탄생과 더불어 시작된 하느님의 결단이기 때문이다. 그의 일관된 그리스도론의 원리에서 동정녀 탄생의 교리는 '참 하느님vere Deus', '참 사람vere homo'이라는 교리의 무제한적인 신비에 대한 고백으로서 어떠한 가현설적인 그리스도론이나 에비온적ebionistic인 그리스도론의 뜻으로 이해하려는 어떠한 가능성도 배제한다.

하느님이 위에서 수직적으로 하강한 것이 곧 "성령으로 잉태되고 동정녀 마리아에게서 낳았다"는 표현이다. 이것이 크리스마스의 신비이다. 따라서 바르트는 동정녀의 탄생을 부인하는 것은 계시의 표적을 제거하는 자연신학적 시도가 된다고 본다. 그는 신자들이 마리아를 '하느님의 어머니theotokos'로 묘사하는 것은 반대하지 않으나, 이것이 소위 '마리아 숭배론Mariologie'으로 불린 가톨릭교회를 비판했다.

마리아 숭배론은 신학적 사고의 병폐이다. 마리아는 무

원죄 잉태로서 하느님 은혜의 행동의 가능성이나 접촉점 Anknüpungspunkt이 될 수 없다. 마리아는 옛 인간성의 피조물의 상징이다. 그것은 하느님의 말씀이 인간 존재에 오시는 때 인간의 협력을 배제한 하느님의 주권을 말한다. 따라서 우리는 이 이중의 존재에서 어떤 공로를 찾아서는 안 된다.

여기서 인간 마리아는 하느님의 동역자나 협력자가 아니다. 오직 하느님의 은혜를 받는 자세에 있어서만, 인간은 하느님의 아들이 인간으로서 시작하는 이 하느님의 행동에 참여한다. 따라서 가톨릭교회의 마리아 숭배론은 배격되어야 한다. 그럼에도 마리아를 성서에서 선포하고 있는 것은 하느님을 믿고, 하느님 말씀에 복종하는 자로서 그 의미를 던져주고 있기 때문이다 최종호, 1978, 55f.. 바르트는 하느님과 인간의 화해의 다리를 위해 그리스도의 선택을 예정의 근거로 삼고 있다.

제 2 장
하느님에 관한 교리

칼 바르트에게서 하느님에 대한 교리는 그의 『교회 교의학』 13권 중 II/1권과 II/2권에 해당한다. 여기서도 바르트는 그의 신학 프로그램에 따라 신앙의 유비와 관계의 유비, 삼위일체의 형태에서 그리스도 중심적 그리고 변증법적으로 서술해 나갔다. 여기서는 바르트의 삼위일체론과 예정론을 다루고자 한다.

I. 삼위일체론

기독교의 신은 다른 종교의 신의 이해에서 찾아볼 수 없는 삼위일체trinity의 하느님이시다. 이것은 하느님 한 분 안에는 성부 하느님God the Father, 성자 하느님God the Son, 성령 하느님God the Holy

Spirit의 삼위가 존재한다는 말이다. 여기서 '셋 안에서 하나one in three', 즉 3=1이라는 도식이 성립한다. 어떻게 이것이 가능할까?

사실 이러한 비논리성과 비합리성의 특성 때문에 현대인들에게는 물론 그리스도인들에게까지도 삼위일체의 교리는 기독교를 이해하거나 변증하는 데 걸림돌이 되었다. 그러나 이것은 기독교의 본질을 정확하게 이해하지 못한 데서 온 것이다. 기독교 신학이 근거하고 있는 신앙 논리는 이성 능력의 한계 내에 있는 합리성을 말하는 것이 아니라, 모든 존재의 삶에 근거한 우주적이고 종합적인 삶의 논리이다. 따라서 삼위일체론에 대한 신학적 작업은 이성에 근거한 논리에서가 아니라, 성서와 신앙 고백에서 시작되어야 한다.

1. 삼위일체 교리의 성서적 근거

신약과 구약 성서에는 '삼위일체'라는 말은 없다. 그러나 이 말은 '삼위일체'로 표현된 교리가 비성서적이거나 비기독교적이라는 말이 아니다. 삼위의 하느님은 성서가 제시한 구원사에 있어서 기초적인 진리로서 등장한다.

하느님은 모든 창조물의 근원으로서고전 8:6; 엡 3:14; 히 12:9; 약 1:17

복수 형태로 역사하신다. 성서의 첫 장에 나오는 창조주로서 하느님은 사람을 만들 때 "우리 모습을 닮은 사람을 만들자"창 1:26고 함으로써 '우리we'라는 복수형을 사용하고 있다. 바벨탑 사건에서 하느님은 "(우리가) 당장 땅에 내려가서 사람들이 쓰는 말을 뒤섞어 놓아 서로 알아듣지 못하게 해야겠다"창 11:7라고 함으로써 역시 복수형을 사용하고 있으며, 야훼께서 이사야를 향해 "내가 누구를 보낼 것인가? 누가 우리를 대신하여 갈 것인가?"사 6:8에서도 복수형이 들어 있다. 여기서 중요한 것은 하느님 자신이 당신을 표현하는 데 복수 대명사를 사용하고 있어서 삼위의 하느님을 연상하도록 하는 점이다.

더욱이 창세기 1장 1절의 "한 처음에 하느님께서 하늘과 땅을 지어내셨다"에서 하느님에 대한 히브리어는 '엘로힘Elohim'인데 그것은 '엘El'의 복수형이다. 그러나 '지어내셨다'의 히브리어 '바라bara'는 단수로 된 술어 동사이다. 따라서 이 구절의 문법적인 구성은 맞지 않다. 여기서 하느님은 한 분인가 아니면 다수인가의 질문이 제기된다. 그러나 이 복수형 '엘로힘'은 일반적으로 하느님의 본성의 복수성보다는 대부분의 주석가들에 의하면 오히려 야훼의 장엄함이나 강하심을 지시하는 것으로 해석하고 있어서 삼위일체적 관점을 암시해 주고 있다.

삼위일체의 흔적은 야훼 하느님이 마므레 상수리 수풀 근처에서 아브라함에게 나타났던 '세 사람'창 18:2-21에서, 특히 시편 33장 6절의 "야훼의 말씀으로 하늘이 펼쳐지고, 그의 입김으로 별들이 돋아났다"고 한 구절의 '야훼-말씀-입김'의 삼위를 상징하는 말에서 나타난다. 이사야 48장 16절은 "이제 주 야훼께서 당신의 영을 주시어 나를 보내신다"고 함으로, '야훼-영-나(성자)'라는 삼위가 들어 있다. 그리고 결정적으로 이사야 61장 1절 "주 야훼의 영을 내려주시며 야훼께서 나에게 기름을 부어주시고 나를 보내시며 이르셨다"에서 '야훼-영-나(성자)'의 삼위의 하느님이 함께 역사하실 것을 예언하고 있다.

성자 하느님은 성육신한 아들로서요 1:14, 18, 51; 3:16; 4:4; 마 8:29; 갈 4:4; 계 1:13; 단 7:13 구체적으로 세 위격에서 연합하여 등장한다. 우선 예수가 세례를 받을 때 하느님의 영이 내려옴으로써 아버지는 아들에 대한 찬사의 말씀을 하신다. "예수께서 세례를 받으시고 … 하느님의 성령이 비둘기 모양으로 … 이는 내 사랑하는 아들이다"마 3:16-17. 또한 예수는 그의 이적 행함을 하느님의 능력에 관련시키고 이것은 하느님 나라가 우리에게 임한다는 증거라고 전한다. "나는 하느님께서 보내신 성령의 힘으로 마귀를 쫓아내고 있다. 그러니 하느님의 나라는 이미 너희에게 와 있는 것이다"마 12:28. 여기서 '나는(성자)-하느님(성부)-하느님의 나라 임함(성령)'으로 이루어져 있다. 예수는 성령을 약속한다.

"나는 내 아버지께서 약속하신 것을 너희에게 보내주겠다"눅 24:49. 여기서 나는(성자)-내 아버지(성부)-약속하신 것(성령)이 연관되어 있다. "하느님께서는 이 예수를 높이 올려 당신의 오른편에 앉히시고 약속하신 성령을 주셨습니다"행 2:33는 구절에서도 '하느님(성부)-예수(성자)-성령'이 관련되어 나타난다. 이러한 성서의 구절들에서 삼위의 연합이 이루어지고 있는 것과 달리 로마서에서는 전체가 성부·성자·성령의 삼위일체를 의도하고 순서적으로 서술하고 있음을 볼 수 있다. 만물에 대한 심판롬 1:18-3:20-성부, 그리스도를 믿음으로써 의로워짐롬 3:21-8:1-성자와 성령 안에 있는 생활롬 8:2-30-성령의 순서가 나타난다.

성령 하느님은 성부의 영 내지 성부와 성자의 영으로요 14:16; 15:26; 롬 8:26 구별되어 나타나면서도 성부·성자·성령의 관계가 대등한 관계로 서술되고 있다. 아버지는 성령을 아들의 이름으로 보내고14:26, 아들은 아버지로부터 성령을 보낼 것이다15:26. 아들은 그가 성령을 보낼 수 있도록 떠나야 한다16:17. 성령은 아들이 말한 것을 기억나게 할 것이며14:21, 아들을 증거할 것이다15:26. 그는 아들로부터 듣는 것을 선포하고 영화롭게 할 것이다

16:13-14. 이와 같이 삼위의 하느님은 서로 사랑하며 영원히 상호 관계 속에서 분할할 수 없고 분리할 수 없는 하나를 공유한다마 28:19; 고후 13:14; 마 3:13-17; 요 15:26; 요일 5:7. 이렇게 세 분이 한 본질 안에 계신다는 것은 우리 인간들에게는 심원한 신비이고, 동시에 어떠한 유사한 경우를 일절 생각할 수 없다.

우리는 앞에서 삼위의 각각의 특성과 관계를 보았다. 거기서 얻은 결론은 분명히 하느님은 성부 · 성자 · 성령이신 삼위의 하느님이시며, 그리고 그 삼위에서 보여준 하느님은 각각 구별되면서도 서로가 분리시킬 수 없는 특징을 가지고 있다는 점이다. 또한 그 삼위의 하느님은 결코 누가 더 높고 낮은 그러한 위치에 있지 않음도 밝혔다. "하느님에게는 아무런 계급이 없다deo nonest magis et minus." 하느님은 한 분이시지만 세 위격을 지니고 있으며, 신적 위격의 각자는 실체의 견지에서 본다면 다른 위격과 동일하다. 그러나 이 세 분이 어떻게 해서 그렇게 관련되는지는 생각하지 못했다. 이것은 삼위일체의 교리 형성에서 하나의 논쟁점이 되었다.

성서가 가르치는 하느님은 삼위일체 하느님으로 정리된다. 예수는 "나와 아버지는 하나다"요 10:30라고 한다. 나는 아버지 안에, 아버지는 내 안에 계시기 때문에 "하나"라는 것이다요 14:7,

14:10. 또한 예수는 성령의 능력을 힘입어 마귀를 내쫓는다. 성령과 예수는 하나가 된다. 결국 3=1이 되는 논리적 모순을 발견한다. 하느님은 한 분이라고 전제하면서도 세 분 하느님을 생각해야 하기 때문에 논리적으로 모순이 된다. 기독교의 하느님은 일신론도 삼신론도 아닌 삼위일체 하느님이라는 데 논리적 비약이 있다. 우리는 삼위일체 하느님, 즉 성부 하느님, 성자 하느님, 성령 하느님을 성서의 하느님으로 신학적 진술을 한다. 이 셋은 하나인 동시에 셋이다. 이 셋은 구별해야 하며, 분리시킬 수 없다. 창조 시에 성부 성자 성령 하느님이 함께 역사하셨다. 마찬가지로 성자가 십자가에 달릴 때 성부 성령의 하느님이 함께 거기 계셨다. 오늘의 성령의 역사는 성령의 독점물이 아니고 성부와 성자 하느님이 함께 역사하고 있는 것이다. 이렇게 함께 존재하고 상호 침투하는 삼위일체 하느님은 논리적 모순을 뛰어넘어 신비한 존재 양태를 취한다.

2. 삼위일체 하느님의 신비

우리는 성부 하느님 속에서 성자 하느님과 성령 하느님을 함께 고백하고, 성자 하느님 속에서 성부 하느님과 성령 하느님을 함께 고백하며, 그리고 성령 하느님 속에서 성부 하느님과 성자 하느님을 함께 고백한다. 그런데 한 분의 하느님 안에서 어떻게 두 분의 하느님을 동시에 고백할 수 있을까? 삼위일체 하느님을 설명하기 위해 아우구스티누스는 '모상vestigium'을 사용한다. "아버지가 선하다. 아들이 선하다. 성령이 선하다. 그러나 선이 셋이 있는 것이 아니라 하나의 선만 있다. 왜냐하면 하느님 외에 선한 분이 없다고 했기 때문이다."

아우구스티누스는 만물과 만사는 동시에 성부로부터 성자를 통해 성령 안에서 이루어진다고 했다. 예를 들면 창조는 삼위의 사역이다요 1:3; 고전 8:6; 골 1:16; 히 1:2; 시 104: 29-30. 그는 인간의 마음과 지성의 기능 속에는 삼위일체의 흔적과 형상이 있다고 생각하여 세 가지 형태로 설명하였다. 사랑하는 자, 즉 존재esse, 마음mens, 기억memoria, 사랑받는 자, 즉 지식nosse, 인식notitia, 이해intelligentia, 사랑하도록 연합시키는 자, 즉 의욕velle, 사랑amor, 의지voluntas가 바로 그것이다. 물론 이것은 아우구스티누스도 말했듯이 삼위일체의 흔적으로서 하나의 섬광eluxit paullulum에 지나지 않는다Augustinus, Conf., XIII, 11, 12.

다른 예로 태양을 유비analogia로 설명해 보자. 태양은 태양의 본체, 빛, 열로 구성되어 있다. 태양-성부, 빛-성자, 열-성령이란 도식을 만들어 볼 수 있다. 빛(성자)은 태양(성부)이 낳은 것이며, 열(성령)은 태양(성부)과 빛(성자)으로부터 비롯되어 나온 것이다. 그러나 이 셋은 비록 서로 다르지만 나눠지지 않는다. 이 셋이 합쳐 단일한 태양을 구성한다. 그뿐만 아니라 이 셋이 합쳐 빛이 되고 이 셋이 합쳐 열이 된다. 그러므로 이 셋은 본질상 하나이다Tertullianus. 그러나 이것은 하나의 '흔적vestigium'일 뿐이다. 여기서 '베스티지움vestigium'이란 신학이나 철학에서 어떤 사물 자체나 진리를 규명하려고 할 때, 그것을 간접적으로 설명하기 위하여 다른 사물이나 현상을 통하여 설명하는 형식과 자료를 의미한다. 따라서 '베스티지움'은 그 자체가 진리이거나 증명하려는 대상이 될 수 없다최종호, 1978, 78-87.

삼위의 하느님은 하나가 셋을 이루고 셋이 하나를 이루는 것이다. 이러한 삼위일체의 논리적 구조에 가장 유사한 내용은 "곧 성령과 물과 피인데 이 셋은 서로 일치합니다"요일 5:8에서 발견된다. 여기서 일치라는 말은 '셋이 하나'가 아니라, '셋이 합하여 하나'라는 뜻이다. "나는 하나를 생각할 때 즉시 셋의 광채에 포위를 당하지 않을 수 없다. 또는 셋을 생각할 때 곧 하나로 되돌아가지 않고는 셋을 이해할 수 없다"J. Calvin, 40-41. 이 글은 4세기의 카파도키아 교부인 그레고리Gregory of Nazianus의 삼위일체에 대한 고백이다. 이러한 삼위일체의 고백은 삼위의 하느님이 논리적으로 묘사할 수 없다는 것을 증명해 주고 있다. 그는 하느님은 유일한 분이면서도, 아버지-아들-영의 삼위로 존재하신다는 것을 신앙적 느낌 속에서 말하고 있는 것이다.

아버지는 근원이시고, 아들은 나타남을 위한 통로이며, 영은 우리 안에 들어오심이다. 이 삼위의 하느님은 영원 가운데 존재하시다가 육신이 되어 구체적으로 사람들 가운데 사람으로 오셨다. 바로 이분이 아들이다. 그러나 아들은 아버지를 하늘에 두고 온 것이 아니라 함께 오셨다요 6:46. 아버지와 아들이 이 땅에 함께 계실 때 영 또한 이들과 함께 있었다. 우리에게 아들이 있을 때 아버지가 있고, 그때에 영도 있게 된다. 여기서 아버지는 근원이시고 아들은 나타남으로써 십자가에 죽으시고 부활에 들어가셨다. 그분이 부활 안으로 들어가실 때 영이 나타나셨다. 그러므로 영은 아들의 실제화이다. 그분은 우리 안에 들어오셔서 생명이 되시고 우리의 모든 것이 되신다. 다시 말하면 세 인격의 사역인 창조-구원-성화는 각 인격이 서로 '구분'된 인격들에게 '참여'하여 공동으로 이루어진다. 여기서 '참여'를 통한 '순환perichorese'이 이루어지고, '구분'을 통해 '점유appropriatio'가 이루어진다KD I /1, 390f. 417; O. Weber, 433. 이렇게 함으로써 삼위의 하느님이 우리의 내용이 되셨다. 그러나 이러한 사실은 우리에게 여전히 신비이다.

우리 안에 들어오신 하느님은 우리 안에서 영과 혼과 몸으로 발전하신다. 삼위의 하느님은 우리를 방문하실 때 영으로 임하시는데 사람이 가까이할 수 없는 빛 가운데 거하시는 그분은 아버지시요, 근원이시고, 나타나신 그분은 통로로서의 아들이시며, 이 아들이 우리에게 임하실 때가 곧 영이다. 하느님의 영요 4:24은 우리 가운데 영욥 32:8, 살전 5:23으로 들어와 연합된다고전 6:17. 결국 신비스럽게도 삼위의 하느님, 즉 아버지-아들-영이 우리의 영에 거하실 그때, 우리는 영적 사람이 된다. 삼위의 하느님은 우리의 영에 들어오실 뿐만 아니라 우리의 혼을 높이시고 변화시키시고, 장차 재림하실 때는 우리의 몸까지도 영광의 몸으로 변화시키실 것이다. 이러한 변화를 우리는 '구원'이라고 칭하며, 이러한 상태는 하느님이 우리 안에 계시고 동시에 우리가 하느님 안에 거하는 것을 의미한다.

동방 교회의 닛사의 그레고리Gregory는 인간관계의 모든 경험을 초월한 그 어떤 현존, '나와 함께 하심'을 침묵의 명상을 통해 경험할 수 있다고 했다. 명상은 이 세상과 연결되어 있고 인간의 감각에 얽매여 있는 마음을 해방시키고 자신에 집중함으로써 '내면적 정숙'과 '고요'를 얻게 한다. 이러한 깊은 고요와 침묵과 정숙을 통해서 비로소 이성과 개념을 초월한 실재, 즉 삼위의 하느님을 경험할 수 있다는 것이다. 콘스탄티노플의 작은 수도원 원장이었던 시므온은 하느님을 이성과 개념으로서가 아니라 개인의 직접적인 종교적 체험을 통해 신비가 열려짐으로 말한다. 만일 우리가 태양과 광선으로 발광체 본질과 활동을 비유한다면 우리가 경험하는 것이 태양 그 자체는 아니더라도 태양으로부터 나온 광선은 세상 곳곳에서 경험될 수 있다는 것이다.

우리는 삼위의 신비를 생각하면서 거룩하신 하느님께 경배와 찬양을 드리고, 이미 그 하느님과 깊은 신뢰 관계 속에 있게 된다. 하느님은 누구이신가? 그는 어떻게 활동하시는가? 우리는 그에게 어떻게 다가갈 수 있는가? 우리는 기도를 통해 이미 삼위의 하느님께 다가가고 있다. 우리가 그리스도의 이름과 성령의 도우심을 통하지 않는다면 성부 하느님께 기도를 드릴 수가 없다. 따라서 누구든지 삼위일체 하느님을 굳게 믿지 못한다면 결코 좋은 그리스도인이 될 수 없다. 이렇듯 삼위일체 신앙은 하느님을 향한 바른 신앙으로 인도하는데, 삼위일체 신앙 없이는 속죄의 죽음을 이해할 수 없고 주님께서 승천하시면서 다른 보혜사, 곧 성령을 보내신다는 말도 이해할 수 없다요 14:16f..

신비스런 삼위일체 하느님은 인간의 지성으로 파악할 수 없기 때문에 신비의 하느님 안에서 인간은 무지함을 깨닫고 침묵할 수밖에 없는데, 그 침묵의 심연 속으로 하느님이 찾아오신다. 그것은 우리가 수평선 저 너머로 내려가는 붉은 태양을 바라다보며 말할 수 없는 자연의 신비와 아름다움에 입을 벌리고 침묵하는 인간의 마음속에 하느님의 빛이 비추어지는 경험을 하게 되는 것과 같다. 하느님 체험은 서방 교회가 정한 하느님의 특성, 즉 선하심, 정의로움, 사랑, 전지전능하심 등으로 말하는 지식을 통한 개념적 이해로서가 아니라 동방 교회에서 행한 직관적 경험에서 이루어진다. 따라서 우리는 기도 속에서 직접 대화로 다가오는 삼위의 하느님을 신비스럽게도 경험하게 된다. 이 만남의 경험은 이해를 넘어서 체험의 삶으로 나타난다고 할 수 있다.

바울은 축도에서 삼위 하느님의 경륜 단계를 보여준다. "주 예수 그리스도의 은총과 하느님의 사랑과 성령께서 이루어 주시는 친교를 여러분 모두가 누리시기를 빕니다"고후 13:13. 이 축복의 인사에서 삼위의 하느님, 즉 아들의 은혜가 있고, 아버지의 사랑이 있고, 성령의 교통하심이 어우러져 있다. 이들은 서로 다른 세 하느님들인가? 사랑과 은혜와 친교는 서로 다른 것들인가? 그렇지 않다. 사랑과 은혜와 친교는 세 단계에 있는 한 가지 성분이다. 사랑은 근본이요, 은혜는 사랑의 표현이요, 친교는 은혜 안에서 이 사랑을 전해주는 것이다. 이와 같이 하느님, 그리스도, 성령은 세 인격 안에 나타난 하느님이다.

3. 삼위일체 하느님의 신학적 이해

우리는 앞에서 삼위일체에 대한 성서적 근거로부터 시작하여 초기 교회의 논쟁을 통한 삼위일체 교리 형성과 삼위일체의 신비에 대하여 고찰해 보았다. 삼위일체론은 19세기 이후 한동안 교회의 헬라 철학의 산물로 취급되어 하느님에 대한 신학자의 사변이라고 푸대접 받아왔다. 그러나 20세기에 이르러 삼위일체론은 바르트, 라너, 몰트만, 보프 등을 통해 다시 신학의 중심의 자리에 서게 된다. 이들은 다같이 전통적 교리를 수용하면서도 삼위일체의 교리가 가지는 신학적 의미를 제시하고 있다. 바르트의 신론은 삼위일체 하느님의 절대적 주권과 연결된다.

바르트는 '삼위일체 교리가 성서적인가, 비성서적인가?'는 물음에 대하여 단연코 성서적 근거를 가지고 있다고 한다. 그러나 3=1이란 삼위일체 교리에서 하느님은 우선 우리 인간에게는 '숨어 있는 하느님deus absconditus'으로 받아들일 수밖에 없다. 하느님은 '존재 자체causa sui'와 '순수 행동actus purus'이시며, 절대자 내지 초월자, 곧 '전적 타자totaliter aliter'이시다. 따라서 자연인으로서의 인간은 직접적으로나 주체적으로 초자연자인 하느님과의 관계를 가질 수 없다. 이것은 "하느님과 인간의 무한한 질적인 차이unendliche quvalitative Unterschied zwischen Gott und Menchen"K. Barth, 1922 때문이다. 그러므로 관계의 접촉점은 부정된다. 이러한 신학적 입장은 전통적으로 플로티누스의 영향을 받은 오리게네스, 아우구스티누스, 아퀴나스, 루터, 바르트 등의 '부정 신학theologia negativa'과 그 맥을 같이한다. 바르트가 사용한 "유한은 무한을 파악할 수 없다finitum non capax infiniti"K. Barth, 1922는 명제는 삼위일체 교리에도 그대로 적용된다. 왜냐하면 하느님은 인간의 이성이란 도구에 의해서 파악될 수 없는 분이기 때문이다.

바르트는 '절대 타자totaliter aliter'로서 하느님을 강조한 후 삼위일체의 새로운 국면에 접어든다. 그는 화해에서 주님 됨을 창조에서 주님 되심과 구별하여 '하느님의 제2의 존재 방식eine zweite Seinsweise Gottes'이라고 함으로써 '불가지론agnosticism'과 '회의주의'에서 벗어난다. 그에게 있어서 예수 안에서 우리에게 보여준 계시는 하느님의 존재를 말하는 적극적 표현이었다. 하느님과 사람 사이의 단절에서 관계를 현실화시킨 것analogia relationis은 바로 예수 그리스도의 화해 사건이었다. 그러나 그분은 우리에게 계시와 화해라는 신적인 사업을 완수하심으로써 비로소 신성의 자격으로 높아지는 것이 아니라, 하느님과 우리와의 화해의 결단이 이미 그의 존재 안에 삼위일체로 존재하신다. 다만 우리가 하느님께 그의 아들로 말미암아 우리를 그와 화해케 하셨음을 알게 되는 때만 우리가 그를 알게 된다는 것이다. 그러므로 바르트는 만일 그리스도 이외에 다른 길로 하느님을 안다고 생각한다면 자기 자신의 심정을 우상화한 것일 뿐이라고 경고한다. 그는 그리스도 이외의 다른 어떠한 관점에서도 하느님의 존재를 이해할 수 없다고 한다. 따라서 셋이 하나요, 하나가 셋이라는 바르트의 '삼일성'의 교리는 신학사에 나타난 종속론Subordinatianismus, 삼신론Tritheismus, 양태론Modalismus 내지 군주 신론에 빠지지 않도록 한다KD I /1, 395-404.

바르트는 셋 안에 하나로 계시는 하느님과 하나 안에 셋으로 계시는 하느님을 말하는 것만으로는 일방적이고 부족한 것으로 생각하고, 이 양자를 직결시켜 삼위이신 하느님을 '삼일성Dreieinigkeit'으로 표현한다KD I /1, 388-394. 삼위일체 교리에서 그 자체에 신비적 요소, 즉 '내재적 삼위일체immanent trinity'와 '경세적 삼위일체economic trinity'가 바로 그것이다. 여기서 '내재적 삼위일체'란 세계가 창조되기 이전부터 이미 하나의 유기적 통일체, 즉 아버지, 아들, 영이 내적 삼위 안에 존재한다고 보는 것이다. 삼위일체 하느님은 세 분 하느님이 서로 각기 독자적으로 머물러 계시는 분이 아니라 상호 침투하여 거하는 독특한 존재 양태를 가진다. 이것을 초대교부들은 '페리코레시스perichoresis'를 사용하여 삼위일체를 설명하였다. 그것을 보다 쉽게 설명하면 무대 위에서 댄서 두 명이 손을 잡고 추는데, 원으로 춤을 추면 하나로 추는 것과 같이 둘이 아니라, 하나로 움직이는 것을 말한다. 즉 상호침투와 순환이란 용어로 삼위일체의 관계를 설명하였다. 성부, 성자, 성령의 하느님은 완전한 분이다. 말하자면 삼위일체이신 세 원이 따로 있는 것이 아니라, 완벽하게 겹쳐진 것이다. 성부 안에 성자와 성령이, 성자 안에 성부와 성령이 그리고 성령 안에 성부와 성자 하느님이 완벽하게 하나로 겹쳐진 것이다.

우리는 하느님의 내재성을 하느님께서 "남자와 여자를 창조하셨다"창 1:27는 말씀에서 추론해 볼 수 있다. 하느님은 자신의 형상대로 사람을 창조하셨는데, 바로 그것은 남자와 여자이다. 그렇다면 '하느님의 형상imago Dei'은 그 자체에 복수성 속의 통일성이 있음을 의미한다. 이와 같이 하느님은 홀로 고고하게 자족한 하느님이 아니라 공동체로 존재하는 하느님이라 할 수 있다. 하느님의 자유는 영을 통하여 아버지가 아들과 함께 가지는 삶의 '내재적 삼위일체inner trinitarity' 안에서의 자유이다. 이제 '내재적 삼위일체' 밖에서 무엇이 일어났다. 세 인격의 사역은 창조, 구원, 성화에서 각 인격이 서로 다른 인격에 참여하여 공동으로 이루어진다. 우리는 이것을 하느님의 구속 사역을 말하는 '경세적 삼위일체economic trinity'라고 한다. 초기 교부들 가운데 이레니우스, 히폴리투스, 터툴리아누스 등이 경세적 삼위일체론으로 말했고, 아우구스티누스를 비롯하여 바르트, 라너, 몰트만 등 많은 현대 신학자들에 의해 내재적 삼위일체가 논의되면서 경세적 삼위일체론이 함께 주장되었다.

삼위일체 하느님을 위해 바르트는 하느님의 세 가지 존재 방식Seinsweise을 계시와 관련지어 서술하고 있다. 그는 하느님은 계시자Offenbarer-계시Offenbarung-계시의 능력Offenbarsein으로 계시를 설명한다. 따라서 바르트에게 있어서 계시는 삼위일체론의 뿌리 내지는 근거가 된다. 삼위에 대한 바르트의 표현은 창조자Schöpfer-화해자Versöhner-구원자Erlöser로서 거룩Heiligkeit-자비Barmherzigkeit-선Gute으로 말하기도 한다KD I /1, 315.

그러나 하느님의 본질에 있어서 세 가지 존재 양태가 '상호 내재성'과 '상호 공존성'에 상응하듯이 마찬가지로 그의 역사에 있어서도 "상호 내재성과 상호 공존성이 상응한다." 예를 들면 십자가와 부활 사건에서 그리고 성령 강림 사건에서 역사하신다고 해도 그것은 한 역사라는 것과 그의 '세 가지 존재 양태'에 있어서 동시적으로 또한 통일적으로 일어난 사건으로 이해한다. 이러한 존재 방식에서 하느님은 신생의 신비와 기적에서 나타나는 시작과 끝이 없는 원형적 사랑이다. 내재적 삼위 하느님의 관계는 모든 관계의 표준이 되고 존재적 우선성priority이 되며, 인식론적으로는 경세적 삼위일체가 출발점을 형성시켜 준다. 그러나 경세적 삼위일체와 내재적 삼위일체의 구별은 사역과 존재의 구별일 뿐이지 이 둘은 언제든지 동시적으로 이해되어야 한다고 한다. 바르트는 사랑의 개념으로서 내재적-경세적 삼위일체의 연속성을 설명한다. "하느님 자신 안에서, 이 사랑은 아들에 대한 아버지의 사랑이며 동시에 아버지에 대한 아들의 사랑이며, 하느님 자신 안에서의 이 영원한 사랑이 성령이다."

삼위일체론은 사변적 교리가 아니라 체험적 고백에서 그 의미가 드러난다. 하느님 체험은 하느님의 사랑의 원천이 그의 섭리 가운데서 계시될 때 실현된다. 몰트만은 삼위일체론의 실천성과 체험을 위해 십자가를 바라보게 한다. 그에 의하면 삼위일체론의 내용은 십자가이고, 십자가의 인식의 형식적 원리는 삼위일체론이다J. 몰트만, 1979; 253f.. 예수께서 십자가에서 "엘로이 엘로이 레마 사박타니 …. 나의 하느님, 나의 하느님 어찌하여 나를 버리셨나이까"막 15:34 하고 부르짖으셨을 때, 아버지는 아들을 버리고 아들은 버림을 받는 사건이 묘사된다. 바울은 이것을 더욱 강경하게 표현한다.

"우리를 위해 하느님께서는 죄를 모르시는 그리스도를 죄 있는 분으로 여기셨습니다"고후 5:21.
"그리스도께서는 우리를 위하여 십자가에 매달려 저주받은 자가 되셨습니다"갈 3:13.

여기서 아버지가 당하는 아픔은 아들의 죽음만큼 큰 것이다. 아들이 당하는 아버지의 상실Vaterlosigkeit은 아버지가 당하는 아들의 상실Sohnlosigkeit과 상응한다. 하느님께서 예수 그리스도의 아버지가 되신다면, 아들의 죽음에서 그는 아버지 되심의 죽음Tod seines Vaterseins을 고통 당하시는 것이다. 아버지는 아들을 버리고 내줌으로써 자기 자신을 버리고, 자기 자신을 내주는 것이 되었다KD I /1, 258.

이제 아들 편에서 생각해 보자. 아들은 아버지가 자신의 아들을 내주는 것처럼 흔쾌히 자신을 제물로 내놓는다. "… 나를 사랑하시고 또 나를 위하여 자기 자신을 내주신 하느님의 아들을 …"갈 2:20. 여기서 '내주다'의 표현은 아들에게도 해당된다. 아버지만이 아들을 죽도록 내주시는 것이 아니라, 아들도 그 자신을 우리 인간의 구원을 위해 내주신다. 예수는 자발적으로 고난을 택했다. 그것은 아버지의 뜻이기도 했다.

"제 뜻대로 마시고 아버지의 뜻대로 하소서"막 14:36. 요한은 이 '내주다'는 표현을 사랑으로 묘사한다. "하느님은 이 세상을 극진히 사랑하셔서 외아들을 보내주시어 …"요 3:16.

하느님은 세상을 사랑하시기 때문에 그 세상을 구원하시기 위해 사랑하는 아들을 내주신다. 아들은 세상을 구원하고자 하는 아버지의 뜻에 함께 동참한다. 아들의 죽음은 '하느님의 죽음'을 말하는 사신론이 아니라, 아들의 죽음과 아버지의 아픔으로부터 다시 살게 하는 사랑의 영이 생성되는 하느님의 사건의 시작을 의미한다. 여기서 우리는 아들의 죽음을 '성부 수난설'적으로 해석하여 아버지께서 고통을 당하고 죽으셨다고 말할 수 없다. 아버지를 통해 버림받은 아들의 고통과 아들을 버리는 아버지의 고통은 다른 고통이다. 그러므로 단순히 예수의 죽음을 '성부 수난설'로 이해하여 '하느님의 죽음'이라고 할 수 없다. 십자가 위에서 예수와 그의 하느님 아버지 사이에 일어난 것을 파악하기 위해 우리는 삼위일체론에 입각하여 생각해야 한다. 아버지와 아들 사이에 일어난 사건으로부터 생성되는 것은 아버지와 아들의 희생의 성령이라고 이해될 수밖에 없다. 이제 아버지의 아픔과 아들의 죽음으로부터 생성된 성령은 버림받은 인간들을 향해 절대적이며 무제한적 사랑으로 새로운 삶의 가능성과 힘을 선사한다KD I /1, 258.

삼위일체 하느님, 즉 아버지–아들–영의 은유metaphor에서 우리는 한계점과 문제점을 만난다. 하느님은 아버지인가? 그리고 아버지가 남자인 것처럼 하느님도 남자인가? 그리고 하느님은 어른인가? 문제는 "하느님은 아버지 같다" 혹은 "아버지다"는 말이 '모든 사람들에게 같은 감정을 갖게 할 것인가?'라는 점이다. 만약 아버지에게서 술주정과 매질과 횡포와 무책임만을 경험한 아이들에게는 이 비유는 적절치 못할 것이다. '하느님의 성이 남성인가'라는 물음에는 더욱 문제가 심각하고 복잡해질 수 있다. 여성 신학자들 가운데는 남성 위주의 가부장적 사고방식에 젖어 있는 사회에서 여성들의 지위를 확보하기 위해 하느님을 여성으로 표현해야 된다고 한다. 보프는 "성부가 아들을 낳고 성령을 출원한다."는 전통적 성서 해석에서 '모성적 아버지'가 시사되었음 발견하고, "아버지가 어머니로 불릴 수 있다"고 한다. 그래서 하느님을 아버지로 부르는 것 대신에 어머니로, 혹은 친구로, 애인으로 은유 metaphor해서 부르는 것을 인정한다. 그렇다면 하느님의 이름은 인간 경험의 지평선에서 새롭게 이해될 수도 있을 것이다.

그러나 삼위일체 하느님에게서 표현되는 삼위는 단순히 아버지–아들–영이 아니라 성부–성자–성령으로 표현된다. 우리는 '거룩'이라는 '성聖'을 삼위에 각각 붙임으로써 세상에서 우리 인간의 경험의 차원을 벗어날 수 있다. 삼위의 하느님은 거룩 거룩 거룩하신 분이다. 이러한 의미에서 볼 때 삼위일체의 유비 analogia entis는 불가능하다. 거룩하신 하느님은 인간 이해의 표적이 될 수 없고, 단지 찬양과 기도와 경배로써만 가까이 갈 수 있는 분이시기 때문이다. 우리가 하느님을 삼위일체로 이해하는 것은 놀랄 만한 은총의 사건에서 이루어진다. 우리는 삼위일체 하느님에서 교리를 생각하는 것이 아니라, 신앙으로 이미 '사고의 자유'를 생각하고 있다. 하느님을 삼위일체로 고백하는 자는 교리나 교회에 갇혀 있는 것이 아니라 이미 자유하신 삼위의 하느님과 대화한 것이다.

삼위일체는 기독교의 하느님을 지시해 주는 하나의 '틀frame'이다. 신학의 사명이 그러하듯이 삼위일체의 교리도 하느님을 가리키는 '지시 손가락indexfinger'과 같다. 그래서 신학자들은 삼위일체를 연구하거나 설명하기보다는 신비 그 자체를 인정하여 찬양을 하고 경배를 드리고자 한다. 라너는 삼위일체 하느님에서 그리스도와 그의 영 안에서 하느님이 보여주신 '자아 전달self-communication'의 계시를 본다. 그것은 인간이 가진 '지logos/reason', '정pathos/feeling', '의ethos/will'로 획득할 수 있는 것이 아닌 제4의 요소로서 '신비mythos'의 차원을 말한다. 멜란히톤Melanchthon은 우리가 하느님을 연구하는 것보다는 찬양하자고 한다. "우리는 하느님의 신비를 찬양한다. 이것이 하느님을 연구하기보다 낫다."

보프는 자신의 책 『삼위일체론과 사회』에서 송영, 즉 "성부·성자·성령께 찬송과 영광 돌려보내세. 태초로 지금까지 또 영원무궁토록 성 삼위께 영광 영광 아멘"을 삼위일체 하느님께 드리는 찬송으로 보고 있다. 그에 의하면 송영은 예배의 알파a와 오메가ω며, 송영 없이는 예배가 드려질 수 없다고 한다. 삼위일체 하느님은 예배의 대상이요, 예배를 통해 신도들은 하느님 나라의 백성임을 확인케 한다. 이와 같이 삼위일체 하느님은 예배와 찬양에서 가장 확실하게 체험되며 신앙의 근거가 되고 있다.

그렇다면 성자 하느님이 십자가에 달렸을 때 성부 하느님은 어디에 계셨을까? 마찬가지로 하느님은 성자의 고통에 같이 참여하고 있었다. 신학자 몰트만은 그의 책 『십자가에 달리신 하느님Der gekreuzigte Gott』에서 성자가 십자가에 달리면서 "엘리 엘리 라마 사박다니나의 하느님, 나의 하느님, 어찌하여 나를 버리셨나이까"하고 부르짖을 때, 성부 하느님은 함께 고통을 받고 있었다고 했다. 버림받은 자의 아픔과 버리는 자의 아픔이 서로 다르지만 분리시킬 수 없이 똑같은 것이었다. 아들을 아버지로부터 분리시키는 십자가 위의 버림받은 상태는 하느님 자신 안에서 일어난 사건이다J. 몰트만, 1979, 161.

우리는 삼위일체 하느님을 어디서 만나는가? 예배드릴 때, 성령이 강림하시는데, 성령 안에서 우리는 성부를 만나고 성자를 만나는 것이다. 삼위의 하느님께 경배와 찬양을 드릴 때, 거룩, 거룩, 거룩을 세 번 하는 것도 바로 그러한 이유에서다. 마찬가지로 세상을 창조하실 때 성부 하느님은 성자와 성령과 함께 창조하셨다고 믿는다. 이런 이유에서 하느님에 의해 창조된 이 세계는 삼위의 하느님의 영광이 동시에 빛나고 있다고 할 수 있다. 그리스도인은 예배를 드릴 때 사도신경을 통해 성부·성자·성령의 하느님을 고백하고 있고, 성직자는 세례를 베풀 때 성부·성자·성령의 이름으로 세례를 주고, 또한 성 삼위의 이름으로 축도를 한다. 경배와 찬양을 할 때도 마찬가지로 성 삼위 하느님께 드린다. 이러한 신앙생활에서 우리는 기독교의 신 이해의 독특성을 감지하게 된다. 그럼에도 불구하고 삼위일체 하느님, 즉 '셋이 하나'라는 교리는 기독교 신학에서 가장 이해하기 어렵고 가장 신비스런 항목 중의 하나였다.

그러나 삼위일체 하느님은 기독교 신앙의 존폐를 좌우하는 중요한 교리이다. 삼위일체라는 말은 성서의 하느님을 표현하기 위해 만들어진 신학적 고백의 한 산물이다. 우리는 3=1이라는 삼위일체 교리에서 하나의 역동성을 만나고 동시에 신비의 하느님을 접하게 된다. 다시 말해서 삼위일체 신앙을 통해 우리는 기독교적 삶의 모범과 동시에 예배·찬양·감사로 하느님께 영광을 돌린다. 삼위일체론적 신앙 고백은 신의 존재를 부정하는 무신론atheism을 극복하면서 동시에 신의 존재를 단지 사변적으로 설명하는 유신론theism과 구별해 주고, 나아가 배타적 유대교적 유일신론monotheism을 넘어 살아 계신 하느님을 구체적으로 체험하도록 안내해 준다.

삼위일체 하느님은 우리 인간에게는 이해할 수 없지만 신비 그 자체로 우리의 구원을 위해 다가오신다. 요 3:16은 하느님의 위격이 세 분임을 말하면서 그것이 구원에 있어서 필수적임을 암시해 준다.

"하느님은 이 세상을 극진히 사랑하셔서"(성부)
"외아들을 보내어 주시어"(성자)
"그를 믿는 사람은 누구든지"(성령)
"멸망하지 않고 영원한 생명을 얻게 해 주셨다"(삼위일체 신앙의 결과).

이 신비의 복음이 우리에게 주어졌다는 사실이 우리에게는 은혜다. 삼위일체 하느님은 우리가 설명할 수 있는 분이 아니라 고백을 통해 이루어진 신비의 하느님이시다. 그분은 우리의 경배와 찬양과 감사와 기도 속에서 현실이 된다. 삼위일체 하느님을 신앙하는 그리스도인은 오늘도 성부, 성자, 성령의 하느님이 역사하심을 느끼고 찬양과 감사를 드린다. 하느님의 무한한 신비의 경륜 속에 우리는 거룩, 거룩, 거룩을 수금과 비파와 퉁소를 가지고, 그리고 우리의 혼을 다해서 찬양하고 경배한다. 삼위일체 하느님은 우리의 찬양과 경배의 삶 속에서 깊이 스며들어서 우리를 도와주시고 상담해 주시고 둘러싸고 계시면서 우리로 하여금 새 일을 하게 하신다.

II. 예정론

"하느님은 야곱을 사랑하고 에서는 미워하였다"말 1:2-3; 롬 9:13.
왜 하느님은 야곱을 택했는가? 그리고 왜 에서는 유기Verworfenheit
했는가? 하느님의 예정은 무엇을 말하는가? 더욱이 큰 문제는
너 또는 내가 멸망으로 이미 예정되었다고 할 때 예정의 교리는
무시무시한 교리가 될 것이다. 예정론이 정말로 무시무시한 교
리인가? 아니면 복음인가? 그것에 대한 해명을 위해 신학적 이
해가 요청된다. 이 과제를 위해 우선 예정론의 성서적 의미를
살펴보고, 이어서 칼 바르트의 예정론을 통해 예정론에 대한 복
음적 이해를 보고자 한다.

1. 예정에 대한 성서적 이해

하느님은 많은 열방 중에서 아브라함으로부터 나온 한 민족
이스라엘을 택하셨다. 하느님이 아브라함을 택한 것은 그들의
가치나 공적 때문이 아니라, 하느님이 그를 사랑했기 때문이다
신 4:37; 7:6-8; 10:14-15; 23:5. 하느님은 아브라함의 씨를 택하셨지만
모두 택한 것이 아니다. 그는 차남 이삭을 택하고 장남 이스마

엘은 거부한다. 하느님은 장남 에서를 물리치고 차남 야곱을 상속자가 되게 하신다. 야곱의 열두 아들 중에서 유다가 선택된다. 이렇게 선택과 유기는 하느님의 자유이며, 하느님의 주권이다.

하느님의 예정은 우리의 거룩함과 신앙에 앞서서 정해진다. 하느님께서는 창세 이전에 그리스도 안에서 우리를 미리 택하셨다. 그가 우리를 예정하신 것은 우리를 그 앞에서 거룩하고 흠 없는 자가 되게 하시기 위함이었다엡 1:4-5, 골 1:22. 하느님이 인간을 택한 것은 이미 거룩하게 되었기 때문에 택하신 것이 아니라 거룩하게 하기 위하여 선택하신 것이다. "하느님께서 야곱은 사랑하고 에서는 미워했다"는 것은 그들이 태어나기 이전에, 즉 선악을 행하기 전에 하느님의 예정에 의해서 결정된 것이었다. 하느님께서 그렇게 예정한 이유는 하느님 자신의 결단 안에만 있다: "내가 긍휼히 여길 자를 긍휼히 여기고 불쌍히 여길 자를 불쌍히 여기리라"롬 9:15. 하느님께서 야곱을 택한 것은 그가 어떤 축복 받을 이유를 가졌기 때문이 아니라, 하느님의 긍휼하심으로 그렇게 예정되었다는 명백한 선언 때문이다. 그러나 왜 하느님은 에서를 유기하시는가? 이 문제가 예정론에서 해결되어야 할 과제로 여전히 남아 있다.

우리는 여기서 하느님의 예정에 대한 두 가지의 불만을 생각해 볼 수 있을 것이다. 첫째는 하느님의 선택이 공정치 못하다고 생각해 볼 수 있고, 둘째는 하느님께서 이미 인간의 타락 이전에 선택과 유기를 했다면 인간에게는 죄에 대한 아무런 책임이 없다고 할 수 있을 것이다. 성서는 왜 유기되는 사람이 있는가에 대하여 이렇게 설명한다. 하느님께서는 마음에 하느님 두기를 싫어하는 자들을 유기하신다롬 1:28. 그래서 이들은 온갖 불의, 추악, 탐욕, 악의, 시기, 살인, 분쟁, 사기, 악독을 행할 뿐만 아니라롬 1:29, 이들은 서로 비방하고, 교만하고, 악을 도모하고, 부모를 거역하고, 무자비한 행동을 한다롬 1:30-31. 따라서 이들은 이미 사형으로 정하신 자들이다롬 1:32.

하느님은 인간의 자유의지Wille der Freiheit를 손상시키지 않으시며, 또한 그는 어느 누구의 마음에도 능동적으로 개입하서서 강퍅케 하지 않으신다. 오히려 악한 자들이 그들의 악한 길에서 돌이켜 회개하고 돌아오기를 원하신다겔 33:11; 딤전 2:4; 벧후 3:9. 단지 패역한 인간들이 하느님을 대항해서 자기들 스스로의 마음을 강퍅하게 했을 뿐이다. 출애굽기에 나오는 애굽의 바로 왕은 10번이나 모세로부터 놀라운 하느님의 능력을 체험했음에도 불구하고, 그는 자신에게 주어진 자유의지를 남용하고 악용하여 자신의 행동이 잘못되었다는 것을 인정하지 않았다출 7:13,14,22;

8:15,19,32; 9:12; 10:1,20,29; 11:10; 14:4,8,7. 하느님은 원래 선했던 바로의 마음을 강퍅한 마음으로 바꾸어 놓으시지 않았다. 하느님은 바로의 그 강퍅한 마음을 그대로 내버려두었을 뿐이다롬 1:28.

왜 하느님께서는 야곱을 택하고 에서는 유기했을까? 그것은 하느님의 주권이다. 하느님은 하느님 자신 이외의 아무에게도 그리고 그 무엇에게도 제한 받지 않으시고 능히 자신의 의지대로 절대 권능을 수행하신다. "토기장이가 진흙 한 덩어리로 하나는 귀한 그릇, 하나는 천히 쓸 그릇을 만들 권한이 없는가?"롬 9:21. cf. 사 29:16; 사 30:14; 사 41:25; 사 64:8; 렘 18: 2-6. 이러한 질문과 더불어 그리스도를 통한 하느님의 은총의 선택을 보자.

2. 하느님의 은총의 선택

바르트는 1936년 「하느님의 은총의 선택Gottes Gnadenwahl」이라는 강연에서 아우구스티누스, 루터, 칼뱅, 베자로 연결되는 전통적 예정론을 기계적 운명론으로 취급했다. 전통적 예정론은 선택과 유기의 교리로서 인간의 행위와 관계없이 이미 창세전에 하느님 자신에 의해서 예정된 자는 예수를 믿어 구원을 받고, 유기로 정해진 자는 예수를 믿는 데 실패하여 결국 망하게 된다는 것이다. 바르트는 전통적 예정론이 하느님의 현존하는 자유와 주권을 해칠 뿐만 아니라 인간에게 회개와 진지한 부름의 삶을 영유케 하지 못한다고 비판했다. 그는 복음 전파의 절박성이 희생되는 위험성을 전통적 기계적 예정론에서 본 것이다. 전통적 예정론의 문제점은 아르미니안주의들이 칼뱅과 칼뱅주의자들을 비판하여 지적한 것처럼, 이 예정론은 첫째 복음의 핵심인 하느님의 사랑을 제한시키는 결과에 이르고, 둘째 인간의 자유 의지Wille der Freiheit를 말살시키는 결과가 되어 선한 삶에 대한 노력을 불가능하게 만들며, 셋째 그렇게 되면 결국 예정론은 운명론과 다름없게 된다는 것이다.

바르트는 전통적 예정론이 하느님의 현존하는 자유와 주권을 해칠 뿐만 아니라 인간에게 회개와 진지한 부름의 삶을 영유케 하지 못한다고 비판했다. 그는 복음 전파의 절박성이 희생되는 위험성을 전통적 기계적 예정론에서 본 것이다. 또 한편 바르트는 아르미니안주의에서는 각 사람 자신의 신앙의 결단에 따라서 구원이 결정된다고 보기 때문에 예수 그리스도를 통한 하느님의 주권이 훼손될 위험을 보았다. 그들은 교회사적으로 보면 아우구스티누스 전통보다는 펠라기우스 내지 세미 펠라기우스 전통에 있다고 볼 수 있다. 이들의 문제점은 하느님의 절대 은총과 하느님의 주권을 축소시키는 위험이 도사리고 있는 데 있다. 바르트의 예정론은 칼뱅주의적 기계적 이중 예정론도 아르미니안주의적 보편주의적 예정론, 말하자면, 인간에 주격을 주는 '펠라기안적 예정론'이나 '세미 펠라기안적 예정론'을 거부한다.

바르트는 이 두 입장과는 전혀 다른 시각에서 예정의 복음Gute Nachricht을 제시한다. 그는 예정의 중심축을 인간의 예정이나 구원에 두지 않고 예수 그리스도에 두었다. 이것은 예정론의 이해에 대한 일대 전환점Wendepunkt이었다. 그는 예정론을 사변적으로나 운명적으로 보지 않고 복음의 핵심으로 파악한 것이다. 이와 같이 우리의 예정에 앞서 예수 그리스도의 선택을 전면에 내세우는 점이 그의 예정론의 독특성이다. 그러면 바르트의 예정론의 특징적인 내용은 무엇인가? 바르트는 「하느님의 은총의 선택Gottes Gnadenwahl」(1936)이라는 강연 제목을 그대로 사용한 1942년에 주저 『교회 교의학』 II권 2부에서보다 상세히 다루어 예정론에 대한 확고한 신학적 입장을 정리했다. 다름 아닌 예수 그리스도를 예정의 중심으로 파악한 점이다. 앞에서도 언급한 것처럼 예정론의 전통적 이해는 어떠한 삭감이나 어떠한 보류도 일어날 수 없는 '무서운 결정decretum horrible'이었다. 그러나 바르트는 예정론을 사변적으로나 운명적으로 보지 않고 복음의 핵심으로 파악한다.

바르트에 의하면 예정론은 "복음의 총화"다. 이것으로 예정론에 대한 새로운 길을 열어 놓는다: "예정론은 복음 전체이고 복음의 요약이다"KD II/2, 13. 바르트의 이러한 신학적 착상은 신학 그 자체를 긍정적 내지는 복음적으로 그리고 무엇보다도 복음적 선포를 중심으로 생각하였기 때문이다. 거기에는 하느님의 자비와 신비와 의가 포함되어 있다KD II/2, 18ff.. 왜냐하면 하느님의 은총의 선택 속에 나타난 예정은 바로 하느님 자신을 계시하시는 것이기 때문이다. 따라서 우리가 예정을 말할 때, 하느님의 계시 옆에, 계시 뒤에, 계시 위에 혹은 계시 밖에 있는 그 어떤 어두움에 관해 말하는 것이 아니다. 우리는 예정의 교리에서 바로 예수 그리스도 안에 계신 하느님에 대해서 말하는 것이다. 왜냐하면 "예수 그리스도는 선택하시는 하느님"이시며KD II/2, 111, 동시에 "선택받은 인간"요 17:44; 눅 9:35; 23:45이시기 때문이다KD II/2, 124. 바로 이 이중적 명제 속에 바르트의 예정론 전체가 요약되어 있다.

바르트는 예정론을 그리스도론적으로 설명하는 근거로서 에베소서 1장 4절 "곧 창세 전에 그리스도 안에서 우리를 택하셨다"는 구절을 명시한다. 하느님의 선택은 그리스도 안에서 선택이기 때문에 예정은 우리를 계시된 하느님의 은혜로 초대하는 것이 된다. 따라서 우리는 그 사실을 믿음으로 선택받은 존재가 된다KD II/2, 135. 그분은 숨어 계신 무서운 하느님이 아니라, 인간에게 은총이 되시는 계시된 하느님이다. 이 점에서 바르트는 칼뱅이 '계시된 하느님Deus revelatus'과 '숨어 계신 하느님Deus absconditus', 즉 예수 그리스도와 하느님을 분리시켜 놓게 되었다고 비판한다. 바르트는 "예수 그리스도의 선택Die Erwählung Jesu Christi"이라는 항목에서 '이중 예정praedestinatio gemina'을 긍정한다. 예수 그리스도의 선택은 긍정과 부정을 함께 포함하는 '하느님의 영원한 의지Der ewige Wille Gottes'로서 인간에게는 '선택과 생명'을 허락하셨고, 하느님 자신에게는 '유기와 죽음'을 허락하셨다.

그러므로 바르트에게 있어서 예정의 부정은 인간에게 해당되는 부정이 아니다. 오히려 예정에 대한 신앙은 인간이 유기되지 않는다는 신앙이다. "예수 그리스도 안에서 너는 유기되지 않는다. ―그분이 너 대신 유기되었도다!― 너는 도리어 택함을 받았다." 바르트는 예정론을 그리스도론적으로 설명하는 근거로서 에베소서 1장 4절 "곧 창세 전에 그리스도 안에서 우리를 택하셨다"는 구절을 명시한다. 이와 같이 바르트에게서 예정론은 그리스도의 선택론으로서 그리스도에게 집중하게 한다. 그에게 있어서 '신학은 아름다운 학문이다Theologie ist eine schoene Wissenschaft'. 이 예정론도 마찬가지로 "아름다운 학문"에 속한다. 예정론은 그에게 있어서 은총의 선택이다.

그러면 이러한 바르트의 예정론은 만인 구원론이 되지 않겠는가? 바르트는 신학자들 가운데 특별히 논쟁점이 되었던 유기 문제에 대한 논술을 위해 마지막으로 "예수 그리스도 안에서 일어난 하느님의 선택에 거스르는 자", 즉 "버림받은 자의 규정Die Bestimmung des Verworfenen"에 관한 장으로 끝맺는다KD II/2, 498. 예를 들면 가리옷 유다는 예수 그리스도의 제자였지만, 결국 예수를 원수들한테 넘겨주었다. 그것은 하느님으로부터 유리되어 있는 유기된 개인이 있다는 예다. 그러나 바르트는 가리옷 유다를 버림받은 사람이기보다는 그리스도 안에서 극복되고 소멸할 운명에 처한 것을 증거하는 증인으로 기억해야 할 것이라고 한다KD II/2, 508.

우리는 지금까지 바르트의 예정론을 은총의 선택으로서 누구에게나 선포되어야 할 복음의 총화라고 했다. 그 내용은 다음과 같이 요약될 수 있다.

첫째, 하느님께서는 영원 전에 예수 그리스도를 예정하셨다.

그러므로 예정은 "하느님의 자기규정Selbstbestimmung Gottes"을 의미한다. 하느님은 영원 전에 이미 예수 그리스도를 선택하셨고, 예수 그리스도 안에서 세상을 창조하시고 인간을 만나신 것이다.

둘째, 하느님께서는 인류를 구원하시기 위해 예수 그리스도를 유기하신다cf. 엡 1:4. 그는 자신의 독생자인 예수 그리스도를 이 땅에 보내시고, 그리고 십자가에 달리도록 내버려두신다. 하느님은 인간을 심판하는 대신 예수 그리스도가 우리 죄를 짊어지고 죽도록 유기하셨다. 따라서 "오직 버림받은 한 분Der einzige Verworfene"만이 있을 뿐이다. 이분은 인류를 구원하시기 위한 하느님의 위대한 은총의 사건이며, 하느님의 사랑의 결의다.

셋째, 하느님의 선택은 이제 그분에 대한 은총과 사랑의 사건을 고백하는 일을 통해서 구현된다. 예정의 교리는 고정된 교리가 아니라, 신앙 안에서 "지금Jetzt" 그리고 "여기서Hier" 현실이 되고 있는 사건이다. 따라서 믿는 자들은 모두 선택된 자들이다.

넷째, 예정이 믿음의 사건이라고 할 때 각 개인이 선택되지 못하고 유기되는 것은 하느님에게서 오는 것이 아니라, 인간 자신에게서 온 것이다. 따라서 믿음의 사건이 아직 일어나지 않은 곳, 하느님의 은총이 거부당하는 곳, 거기에는 지금도 역사 속에서 버림받은 존재들이 존재한다. 바로 그곳이 유기 된 버림의 그늘이며, 그 그늘이 하느님의 심판이다KD II/2, 498.

바르트의 예정론 이해가 획기적인 것은 칼뱅의 예정론에서 보여준 "무서운 결정decretum horrible"의 교리를 그리스도의 은총의 복음으로 해석한 점이다. 칼뱅주의의 이중 예정론의 교리는 어떤 사람들에게는 하느님이 마치 전체주의의 무자비한 폭군으로 보였을지도 모른다. 사실 그 예정론은 결정적인 운명론과도 같은 무서운 교리로 취급되었다. 예정설을 부정했기 때문에 화형을 받은 세르베투스Servetus 사건이나, 칼뱅주의와 아르미안주의 Armianismus와의 심각한 논쟁, 그리고 칼뱅주의와 유니테리안주의 Unitarianismus 사이의 논쟁 등은 그것을 잘 말해 준다. 감리교의 창시자인 존 웨슬레는 전체적으로 거의 칼뱅 신학 사상을 따르고 있지만 결국 칼뱅의 예정론에 대해서는 동의하지 못했다는 것도 그 예가 될 수 있다.

그리고 한국에서도 감리교는 물론 성결교, 침례교, 순복음 교회 등, 각 교파에서 예정론에 대한 소극적 이해 내지는 문제시하는 것을 들 수 있다. 심지어 칼뱅 사상을 따르고 있는 장로교 자체 안에서도 물론 대개의 경우 그것을 교리로 승인하지만 이 교리의 극단성 때문에 실지 목회 현장에서는 예정론을 꺼리거나 침묵으로 대하고 있다. 전통적인 이중 예정론이 우리에게 심리적으로 불안을 안겨다 주어 결국 복음Gute Nachricht이 되지 못한 반면에 바르트의 예정에 대한 이해는 신학적 해명으로 예정이 복음이 되었다. 그에게 있어서 "신학은 아름다운 학문Theologie ist eine schöne Wissenschaft"KD II/1, 740이다. 이 예정론도 마찬가지로 '아름다운 학문'에 속한 것이다.

바르트는 예정의 교리를 예수그리스도의 빛에서 해석하여 은혜와 참된 위로와 기쁨의 교리로 신학적 작업을 한 것이다. 그는 "하느님의 은총의 선택Gottes Gnadenwahl"에서 예수 그리스도는 영원한 하느님의 결단이라고 했다. 예수 그리스도 안에서 일어난 "하느님의 자기규정Selbstbestimmung Gottes" 때문에 예정론은 은총론이 된 것이다. 예수 그리스도는 하느님의 선택이며, 동시에 하느님의 유기를 의미한다. 즉 예수 그리스도는 인간에 대한 하느님의 긍정과 동시에 하느님의 부정을 지닌 자다. 하느님은 우리 대신에 그의 아들을 심판하시고, 거부하심으로써 우리를 택하시고 받아들이셨다. 따라서 우리는 예수 그리스도의 빛에서 '은총의 선택Gottes Gnadenwahl'이라는 예정의 신비를 맞이하게 된 것이다.

제 3 장

창조에 관한 교리

칼 바르트에게서 창조에 대한 교리는 그의 『교회 교의학』 13권 중 III/1권, III/2권, III/3권, III/4권에 해당한다. 여기서도 바르트는 그의 신학 프로그램에 따라 여기서도 신앙의 유비와 관계의 유비, 삼위일체의 형태에서 그리스도 중심적 그리고 변증법적으로 서술해 나갔다. 여기서 우리는 바르트의 섭리론과 신정론을 다루고자 한다.

I. 섭리론

우리가 사는 이 세계는 하느님의 섭리 가운데 있는가? 아니면 악이 이 세계를 지배하고 있는가? 하느님이 역사하신다면 왜 이 세상에는 살인과 강도가 자행되며 전쟁이 일어나 수많은 사람들이 목숨을 잃는가? 갑작스러운 해일과 폭풍, 홍수와 가뭄, 지진 등의 자연적인 재해로 인한 피해를 어떻게 설명할 수 있으며, 그리고 수많은 사람들이 질병과 불의의 사고로 고통당하는 것을 어떻게 이야기할 수 있을까? 이러한 악의 실재 앞에서 하느님이 이 세계를 다스린다는 섭리 사상을 어떻게 자신 있게 말할 수 있을까? 기독교는 하느님의 섭리를 신앙의 근거로 삼고 있다. 따라서 섭리 사상에 대한 이해가 경시될 수 없다. 여기서 바르트의 도움을 통해 섭리론의 신학적 접근을 시도하고자 한다.

1. 섭리의 의미

섭리providentia란 세계가 신적인 질서에 따라 진행된다는 말로서 그 어원은 '미리 내다보다', '무엇을 예비하다'는 의미를 갖고 있다KD III/3, 1f. 그러나 그리스도교에서 섭리는 미리 보는 것을 의미할 뿐만 아니라 '다스리고 감독하는 것dominius providebit'을 말한다. 예를 들면 아브라함이 이삭을 바치려고 할 때 하느님은 아브라함을 위하여 제물을 예비하셨다창 22:8, 14. 여기서 섭리란 무엇을 '예한다'는 예정praedeterminatio과 관계를 가진다. 이런 의미에서 섭리론은 예정론 안에서 성립된다고 볼 수 있다. 따라서 '섭리'란 창조주의 피조물에 대한 '우선적 행위' 곧 '절대적 은혜K. Barth, 1948, 56'로서, 하느님께서 자기와 다른 이 명백한 현실을 그의 고유한 의지의 척도에 따라 시간 안에서 보존하고 통치하는 것을 의미한다.

하느님은 이 세계를 창조하셨고창 1:1, 그리고 지금은 자신이 창조한 이 세계를 섭리하신다요 3:16. 창조가 피조적 존재를 '무'로부터 불러내는 유일회적 사건이라면, 섭리는 이미 창조되었고 다시 창조되지 않는 피조물과의 관련에서 하느님의 지혜와 전능의 행위를 말한다. 따라서 섭리는 창조와 함께 결정된 은총의 계약을 수행하고 유지하는 하느님의 활동이라고 할 수 있다. 창조 없이 섭리는 일어날 수 없으며, 하느님은 피조물을 위해 그의 섭리 속에서 역사하시는 분이시다. 이것은 하느님께서 피조된 세계를 모르는 척하거나 방치해 두지 않고 섭리하신다는 말이다. 이런 의미에서 섭리는 '계속적인 창조continuatis creationis'라고 말할 수 있다. 바르트는 하느님의 피조물을 향한 섭리를 세 가지 활동, 즉 보존conservatio, 동행concursus, 통치guberatio로 설명한다. 이것은 화해론의 구조를 이룬다KD III/3, 67-271.

첫째, 하느님은 피조물을 보존conservatio하신다KD III/3, 72f. 하느님은 피조물의 세계를 '혼돈'으로부터 구분하여 피조물에게 존재를 부여했다KD III/3, 90f. 그러나 혼돈으로부터 구분되어 창조된 피조물의 세계는 끊임없이 혼돈의 위협을 받고 있다. 그래서 피조물에게 존재를 부여한 하느님은 계속해서 혼돈에 전복되지 않도록 그 존재를 지키신다. 인류의 최초의 살인자 카인은 동생 아벨을 살해한 후 땅이 저주하여 하느님을 뵙지 못하고 사람마다 그를 죽이려고 했기 때문에 세상을 떠돌아다니게 되었지만 하느님은 그를 보존conservatio하시기로 약속하신다KD III/3, 67-102.

"카인을 죽이는 사람에게는 내가 일곱 곱절로 벌을 내리리라" 창 4:15. 피조물에 대한 하느님의 보존은 보다 구체적으로 예수 그리스도의 사건 속에서 현실로 나타났다. 하느님은 인간을 구원하시기 위해 이 땅에 육을 입고 오신 것이다요 3:16. 이와 같이 하느님은 최종적으로는 자신의 부정을 통해 피조물이 악, 즉 무das Nichtige에 의해 위협을 받고 불안하도록 방치해 두시지 않고, 모든 것이 목표를 향하여 가도록 섭리하신다사 53:1-6. 바르트는 인간을 비롯한 모든 피조물은 하느님께서 보존하고 지키시지 않았다면 혼돈에 휩싸이고 언제나 피조물의 세계를 동반하면서 파괴하고 위협하는 무로 떨어질 수밖에 없는 실제로 본다.

둘째, 하느님은 피조물과 동행concursus하신다KD III/3, 107. 모든 피조물의 활동은 하느님과 공존, 즉 그분의 현실적 현존praesentia actuosa 안에서 일어난다. 하느님은 만유의 주로서 언제나 피조물을 향하여 피조물과 함께 동행하신다. 그는 어떤 종류의 동반자가 아니라, 창조자와 보존자로서 동행하신다. 더욱이 하느님은 피조물에 대한 창조자로서뿐만 아니라 예수 그리스도 안에서 결정된 사랑의 행위자로서 피조물과 동행하신다. 하느님의 활동은 객관적으로는 그의 말씀에 의하여 하느님으로부터 일어나고, 주관적으로는 그의 성령에 의해 인간에게 다가오는 사건이다. 하느님은 그의 영을 통해서 모든 힘과 지혜와 선으로 피조물에게 자유를 선사한다KD III/3, 150. 이와 같이 하느님의 동행은 피조물에 대한 영원한 사랑에서 온 것으로 결코 피조물의 자유를 제한하거나 약화시키는 것이 아니다. 피조물을 위한 하느님의 동행은 예수그리스도 안에서 예정하였던 구원의 역사를 수행하고 있는 것이다. 그리스도 안에서 피조물은 하느님의 동행 속에서 그 나름대로의 자유롭게 길을 간다KD III/3, 102-175. 이 자유는 하느님의 섭리와 예정 속에서 신뢰와 확신으로 이어진다.

셋째, 하느님은 피조물을 통치guberatio하신다KD III/3, 175f.. 하느님의 통치하심은 그의 피조물에 대한 창조주로서의 주권을 나타내는 결정적 요소다. 이제 우리는 "하느님이 통치하신다"는 것을 우선 "하느님만이 통치하신다"는 뜻으로 고백할 수 있어야 한다. 하느님만이 창조자로서 통치에 필요한 권한과 능력과 자유와 지혜를 가진다. 하느님은 자유하신 분이다요 3:8. 하느님의 통치는 이 세상의 일들을 규정한다. 그것은 피조적 활동을 통제한다는 뜻이다. 그러나 그것이 피조적 활동 자체를 중단시키는 것이 아니라 그 활동을 하느님 자신의 활동으로 바꾼다는 것을 의미한다. 피조물이 그 자신의 독립된 활동을 하는 동안에도 하느님은 언제나 주가 되시고 그 자신의 목적을 위해 그것을 사용하신다. 그러므로 하느님의 세계 통치의 형식은 단순한 관념으로서가 아니라 현실적으로 역사하는 것이다. 그렇기 때문에 그것은 하나의 사건이 된다. 우리는 그 특수한 사건을 하느님이 인간이 된 성육신 사건에서 결정적으로 만난다. 하느님은 나사렛의 한 이스라엘인의 인격 안에서 그 백성을 의롭게 하신다. 따라서 우리는 하느님의 통치를 세계에서 일어나는 사건으로부터 인식하지 않고, 성서의 특별한 구속의 역사의 빛에서 인식할 수 있어야 한다. 따라서 하느님의 섭리의 역사는 누구나 느낄 수 있거나 볼 수 있는 것이 아니라 "은폐된 역사"KD III/3, 17이다. 하느님은 그의 예정과 섭리 가운데서 자유로운 행동으로 세계를 통치하신다. 하느님의 통치 능력은 세계사건 안에 감추어져 있지만 우리에게는 은혜로 역사된다KD III/3, 175-271.

우리는 지금까지 하느님의 섭리가 어떻게 피조물인 인간에게 미치는가를 살펴보았다. 정리하면 '보존'과 '동행'과 '통치'로 표현되는 하느님의 섭리는 피조물의 구원을 위해 특정한 역사를 형성케 한다고 할 수 있다. 그렇다면 하느님의 섭리 아래서 인간의 자유와 책임은 어떤 의미를 가지는지를 보기 위해 자유와 참여의 문제를 계속해서 다루어 보자.

2. 섭리와 자유

하느님의 섭리가 피조된 세계에 대한 그의 주권적 지배라고 할 때 인간의 자유문제가 대두된다. 여기서 그리스도인의 자유를 이해하기 위해서 우선 하느님이 세계를 섭리하신다는 신앙을 포기하도록 이끌어온 사상과 세계 현실을 고찰해 볼 필요가 있다. 그 예를 네 가지로 들 수 있다.

첫째, 계몽주의 이후 나타난 인간 중심의 철학과 그 이후에 인간학에 정초한 이신론deism은 섭리론을 무색하게 했다. 이들에 의하면 하느님은 마치 시계를 만든 시계공watchmaker처럼 세계를 창조하신 후 세상이 스스로 운행될 수 있도록 내맡겼다고 본 것이다. 다시 말하면 하느님은 창조 이후부터는 더 이상 이 세상에 관여하지 않고, 인간에게 세상을 맡겨버렸기 때문에 인간이 자신의 이성으로 이 세상을 다스린다고 본 것이다J. Leland, 1754-56. 이러한 이성 중심의 신 이해는 19세기 과학 혁명이 일어나기 시작하면서부터 더욱 심화되기 시작하였고, 결국 그것은 섭리 사상의 무력화를 안겨다 주었다.

둘째, 19세기 이후에 신학의 중심은 인간 자체에 정초되어 신의 초월성이 사라지고 인간의 의식, 역사, 감정, 윤리 등의 내재성 속에서 신이 흡수되었다. 무신론과 자유주의 신학이 그 예이다. 무신론 사상으로는 "종교는 아편이다"라고 말한 마르크스K. Marx, "신학은 인간학이다"라고 표현한 포이어바흐L. Feuerbach, "신은 죽었다"고 외친 니체Fr. Nietzsche의 철학 사상 등을 들 수 있다. 신학계에서도 그러한 현상은 두드러지고 있는데 슐라이어마허Fr. Schleiermacher의 "감정과 의식의 신학", 하르나크A. v. Harnack의 "역사의 신학", 트로엘치E. Troeltsch의 "종교 철학", 리츨A. Ritschl의 "도덕적 가치의 신학" 등으로 표현되는 '문화 개신교Kulturprotestantismus'가 그것이다. 이들은 하느님과 인간의 관계에서 하느님을 인간의 문화 속에 흡수해 버렸기 때문에 하느님의 섭리가 인간 중심의 주관주의로 왜곡되었다.

셋째, 이 세상에서 일어나는 불행한 수많은 사건들, 특히 20세기에 들어와서 일어난 아우슈비츠의 유대인 집단 학살 사건이나 히로시마의 원자탄 투하 사건 등으로 인한 비참함을 어떻게 하느님의 섭리로 이해할 수 있을까? 이러한 사건들 앞에서 인류는 역사에서 일어난 현실을 운명 내지 숙명으로 이해했던 것이다. 그것은 바로 섭리론의 배제를 의미했다.

넷째, 세상 사람들이 악의 사건들을 희랍적인 우연론이나 운명론 내지는 숙명론으로 받아들이고 있는 반면에 정통주의 신학자들은 그 악의 사건까지도 섭리론으로 처리하여 하느님의 뜻으로 받아들였다. 그러나 그들이 주장하는 하느님의 뜻은 형식적 수용으로 인해 하느님의 주권이 현실적 영향을 주지 못하는 것같이 되어 버렸다. 그것은 바로 신학적 작업의 태만에 불과한 것일 뿐이었다.

이상의 상황들은 섭리론을 극도로 약화시켰고 그것은 하느님과 인간의 바른 관계를 형성하지 못하게 됨으로써 결국 불신앙에 떨어지게 되었다. 우리는 앞에서 하느님 없이 인간의 자유를 말할 때 무엇이 일어나는지를 밝혔다. 그것은 '이신론', '무신론' 그리고 '자유주의 신학'의 경향으로 기울어졌고, 결국 세상의 파국을 단지 우연, 운명, 숙명 그리고 책임을 전가하는 정도로 취급했기 때문에 인간의 자유가 신학적으로 다루어지지 못했다는 것이었다. 이에 반해서 정통주의 신학에서는 인간 중심주의자들과는 달리 '하느님의 뜻', '하느님의 섭리'로 쉽게 정리하고 처리하는 경향을 띠게 되었다.

우리는 여기서 우리의 주제 '섭리와 자유'를 바르게 이해하기 위해서 조금 더 정통주의 신학의 섭리 사상을 정리해 보자. 일반적으로 정통주의 신학에서는 다음과 같은 네 가지 개념으로 섭리 사상을 받아들이고 있다.

첫째, 하느님은 피조물들이 자유 가운데 죄를 범할 수 있을 뿐만 아니라 죄 없는 자를 십자가에 못 박을 수 있도록 허락permirsio한다.

둘째, 그러나 하느님은 자신의 목적에 대립되는 것을 방해impeditio할 수 있다.

셋째, 나아가 하느님은 피조물들의 활동 방향directio을 인도하여 그의 목적에 봉사케 한다.

넷째, 하느님은 능력을 발휘하여 세상에서 일어나고 있는 활동의 능력을 제한하기 위해 결정determinatio하신다최종호, 1997, 4, 79-85.

위의 정통주의 신학에서 주장하는 하느님의 섭리 사상은 그의 피조물에 대한 아버지의 절대 주권을 나타내고 있는 것이 특징이다. 그러나 피조물의 모든 사건들이 단순히 하느님의 결정으로 쉽게 처리해 버릴 때 적어도 두 가지의 질문이 제기된다. 하나는 인간의 자유가 속박되는 문제를 야기하게 되며, 그렇게 되면 인간은 태만한 죄를 범하게 되고, 하느님은 '해결사로서 신deus ex machina'이 된다. 또 하나의 문제는 인간의 자유의 남용이 문제된다. 정말 인간이 스스로 자기 결정과 해석에 의해서 규정된 역사를 전적으로 하느님의 주권 행사라고 할 수 있을까? 그럴 수 없다. 모든 것이 하느님의 뜻이요, 모든 것이 하느님의 섭리라면 무신론자들이 말하는 운명론과 무엇이 다른가? 그러한 정통주의적 사고는 신학적 사고라기보다는 신학적 사고를 포기하는 이른바 신학적 나태함이라고밖에 할 수 없다.

　바르트는 여기서 정통주의 신학이 제시한 신학의 문제점은 예수 그리스도의 의미가 신학적으로 부각되지 못한 채 단지 일반적인 신 중심에서 취급했기 때문이라고 지적한다. 또한 그는 정통주의 신학의 섭리 이해가 예수 그리스도 안에서 계시된 아버지로서 주권을 보지 못했기 때문에 인간의 자유를 말살하는 결과를 가져왔다고 비판한다최종호, 1997, 4, 85f.. 실로 그들의 하느님 주권에 대한 왜곡은 인간을 하느님의 섭리 아래 움직이는 꼭

두각시나 하느님의 손에 달린 장난감과 기계로 전락시켰던 것이다. 그들은 섭리하시는 하느님의 자유는 인간의 모든 응답을 무시하는 폭군의 자유가 아니라, 오히려 인간의 응답을 인정할 뿐만 아니라 그것을 창조하며 기쁘게 응답하도록 하는 축복과 명령의 힘이라는 사실을 간과한 것이다.

그러면 신학적 자유란 무엇인가? 바르트는 하느님의 주권을 인간학적 개념에서 출발하여 형식적으로 다루는 것이 아니라 신학적으로 실제적인 면에서 해결을 모색했다. 그래서 그는 '인간이 어느 정도 하느님께 대하여 자유스러운가?'라는 문제를 단순히 '인간의 자유에 대한 고찰'이란 인간학에서 논의하지 않고 계시의 사실, 즉 은총의 사실에서부터 취급하였다박봉랑, 『한신 학보』, 제5집, 57. 그는 하느님의 주권과 인간의 자유의사에 대한 통일을 예수 그리스도의 인격에서 발견한다. 예수 그리스도의 성육신 그의 십자가의 죽음, 부활 등의 일련의 사건과 함께 세계 역사는 '인간을 위한' 역사로서 시작된 것이다. 바로 그것은 인간에게 선사된 자유의 내용들이다. 그 자유는 하느님은 아버지로서 그 자신이 결단하는 성육신 사건 속에서 그리고 그의 자유로운 고난의 행위에 의하여 인류를 구원하기 위한 하느님의 자유로운 결단과 함께 이루어진 자유이다. 이제 인간은 하느님의 주권적 섭리 아래서 하느님의 자녀가 된다. 여기서 그리스도인은 "창조적 주체ein geschöpfliches Subject"가 된다KD III/3, 272. 그것은 바로 하느님의 섭리 아래서 인간의 자유가 억제되지 않고 보장된다는 말이다. 동시에 이러한 하느님의 무조건적인 주권은 인간의 피조적 활동의 자유를 무시하고 위태롭게 하는 것이 아니라 그 모든 특수성과 다양성이 보존되는 것을 의미한다.

바르트는 1956년 「하느님의 인간성Die Menschlichkeit des Gottes」이라는 자신의 강연에서 인간에 대한 무한한 긍정Ja sagt을 말한다. 거기에서 하느님은 공허해서가 아니라 사랑의 결단으로 인간의 동반자가 되어 존재하시고 말씀하신다K. Barth, H.48, 1956. 그는 인간이 되시고, 인간을 위해 십자가에 달리시고 그리고 부활하신 하느님은 자신의 마음을 닮은 인간의 마음보다 더 자유롭고 자랑할 만한 인간성은 없다고 말한다. 하느님은 인간에게 일어나는 모든 사건 속에서 작용하고 계시지만 인간을 하나의 나무 조각이나 돌로 취급하지 않고 인간으로 하여금 생각하고 행동할 수 있는 존재, 즉 자유로운 존재로 취급하신다.

바르트의 지적대로 그리스도를 부각한 그리스도 중심적 시각에서 하느님의 통치를 보기 시작한다면 우리는 보다 적극적인 이해를 할 수 있을 것이다. 왜냐하면 하느님은 그의 은총의 자유에 의하여 이 역사 안에 홀로 계시지 않고 인간을 하나의 동반자로 삼으시기 때문이다. 하느님의 동반자인 인간은 하나의 역사의 주체로서 현재하며 단지 수동적 구경꾼이나 단순히 대상으로만 헛되이 존재하지 않고 역사에 의미를 주며 현재한다. 따라서 인간은 처음부터 끝까지 하느님과 계약의 동반자로서 계약의 주, 곧 그의 창조자이며 그 자신의 피조적 존재를 주관하고 보증하는 자라는 사실에 의해 규정되고 있다. 이렇듯 하느님과 계약의 동반자로서 규정은 인간에게 자유를 선사하고 있는 것이다.

3. 섭리와 참여

이제 하느님의 섭리와 그리스도인의 참여 문제를 살펴보자. 하느님의 섭리 안에서 주체로서 인간의 자유는 적극적으로 참여의 신비에서 성립된다. 바르트는 그리스도인만이 하느님의 주권에 참여할 수 있는 주체가 된다고 한다. 왜냐하면 그리스도인은 다른 피조물처럼 하느님에 의해 보존, 동행, 통치되는 존재일 뿐만 아니라 나아가 이 주권을 실제적으로 경험하고 그것을 확정하는 피조물이기 때문이다. 만일 우리가 하느님의 섭리에 대한 현실적 인식이 없다면 인간은 이 세계의 사건을 자연법이나 운명, 우연, 심지어는 악마에 돌리는 우를 범할 것이다. 그러나 그리스도인은 하느님의 자녀로서 세계 과정 속에서 하느님의 우주적 주권을 경험한다. 뿐만 아니라 그리스도인은 다른 피조물과 달리 하느님의 섭리와 주권을 인식하고, 창조자 하느님과 함께 일치된 이해를 가짐으로써 하느님의 일에 참여하게 된다. 바르트는 하느님의 섭리와 주권에 대한 그리스도인의 인식과 참여의 현실을 신앙Glaube과 복종Gehorsam과 기도Gebet에서 다룬다KD III/3, 279-326.

첫째, 신앙을 통해 하느님의 섭리에 참여한다. 신앙이란 하느님 말씀 자체를 받아들이는 것이다. 하느님 말씀을 받아들인다는 말은 그 말씀이 하느님으로부터 온 것을 인지하고 그 말씀에 의하여 존재하도록 확정하는 살아 있는 신뢰이다. 그것은 예수 그리스도에 대한 신앙에서 그리스도인이 되며, 동시에 예수 그리스도 안에 계신 하느님과 부자 관계로 신뢰를 갖게 되는 것이다. 그래서 그리스도인은 내적으로 하느님의 섭리와 우주적 주권에 참여하는 특별한 피조물이 된다. 따라서 신앙을 통한 참여는 예수 그리스도와 그의 구속 사업에 참여함이 곧 하느님의 세계 통치에 대해 참여하는 것이 된다. 여기서 분명히 해야 할 것은 신앙이란 인간 스스로 결정할 수 있는 모험일 수 없다. 그것은 오직 하느님의 기선적 활동으로 오직 하느님께로부터 일깨워지는 인간 실존에 마주서 있는 결정이다. 따라서 우리가 신앙을 통한 참여는 말씀에 대한 신뢰로서 그것에 자신을 맡기고 복종시키는 것을 의미한다. 따라서 신앙은 하느님의 말씀으로 항상 일깨워야 한다고 할 때 참 신앙은 감사와 찬양과 회개와 고백의 기도로 인도한다KD III/3, 279ff..

둘째, 복종을 통해 하느님의 섭리에 참여한다. 인간은 신앙뿐만 아니라 복종함으로 그리스도인이 된다. 그리스도인은 예수 그리스도 안에서 복종의 행위를 통해 밖으로는 하느님의 섭리와 주권의 활동을 명상하고, 안으로는 그것에 협력하고 복종하는 피조물이 된다. 이러한 복종은 그리스도인이 되게 하는 당위obligatorium로서 성령의 역사 속에서 일어난다. 성령은 그리스도인에게 친교와 선교와 봉사를 위해 복종하도록 인도한다. 이러한 복종을 통해 그리스도인은 하느님의 섭리 아래에 있는 세계에서 새로운 일을 시작하게 된다. 여기서 복종은 신앙을 현실화시킨다. 신앙은 복종으로 해결되지 않으면 죽은 것이 되기 때문이다. 또한 복종은 기도라는 행위를 통해서만 가능하게 된다. 기도는 그 자체가 탁월하고 근원적인 복종의 행위이기 때문이다KD III/3, 288f..

셋째, 기도를 통해 하느님의 섭리에 참여한다. 기도는 하느님의 섭리와 주권에 대한 인식과 참여에 있어서 필수적인 요소이다. 기도란 마음과 입술을 통해 하느님께 찬양과 감사와 간구를 드리는 것이다. 기도가 간구라고 할 때, 그것은 이 세상과는 다른 하느님 나라를 향한 자유와 해방의 행진을 시작하게 된다. 그리스도인의 간구는 영광의 왕이 들어오실 수 있도록 문을 열고 출입구를 높이는 일을 말한다. 초기 그리스도인들은 주님께서 가르쳐 주신 기도를 통해서 그들 나름대로의 삶의 목적 지향과 공동체적 삶을 영유할 수 있었다최종호, 1997. 11, 279-289. 마찬가지로 기도하는 자는 자신과 예수님과 같이 공동체를 위해 기도하는 것이며 모든 피조물을 위해 기도하는 것이 된다. 따라서 참된 기도는 한숨이나 신음 이상의 것이며, 나아가 복종의 행위이자 하느님과의 친교라고 할 수 있다최종호, 1997. 11, 301ff.

이와 같이 우리는 하느님의 섭리 아래서 주체로서 그리스도인의 자유를 신앙-복종-기도를 통한 참여로 설명하였다. 이 세 가지 형식은 서로 상관되어서 각각 분리시키거나 대체시킬 수 없다. 그리스도인이라고 해서 그 자체의 어떤 자율적 활동을 존재론적으로 갖고 있는 것이 아니라, 참여는 신앙-복종-기도에서 이루어진다. 그리스도인은 신앙에서 어린아이가 되며, 복종에서 종이 되고, 기도에서 친구가 된다. 신앙과 복종과 기도 속에서 그리스도인은 자유인으로서 삶을 살게 된다. 바로 그것이 세계를 지배하시는 하느님의 섭리, 즉 하느님의 통치 사건의 신비와 목적의 중심에 서 있도록 한다.

우리는 지금까지 하느님의 섭리 사상은 섭리의 중심이 인간학적 관점에 있는 것이 아니라 하느님의 주권에 있다는 것을 보았다. 바르트는 섭리 신앙의 가장 근본적인 정립을 위해 그리스도론적 인식의 원리를 내세운다. 그는 말씀이 육신을 입은 예수 그리스도에 대한 신앙에서 하느님의 섭리를 보고 예수 그리스도의 역사에 비추어서 피조적 존재의 역사를 하느님의 영광의 역사로 인식할 수 있다고 했다. 그에게 있어서 섭리 신앙은 소위 말하는 하느님과 세계의 관계에 대한 어떤 개념들을 만족하게 할 시작이나 공동 근거가 될 수 없다.

하느님의 주권은 바로 그의 아들 예수 그리스도 안에서 피조적 세계를 '위해서' 행해지며 또 아버지로서 자녀에 대한 주권이기 때문에 하느님은 피조물과 공존하시고 인간을 그의 동반자로 삼으신다. 물론 여기서 분명히 할 것은 하느님의 공존이란 결코 대등한 입장에서 순서가 뒤바뀔 수 있는 것으로 생각해서는 안 된다. 하느님의 주권은 예수 그리스도의 주권이요 은총의 선택과 계약의 하느님으로서 주권이지 종교나 철학이 정해 놓은 어떤 다른 신성의 작용을 설명하는 그런 것이 될 수 없다. 기독교의 섭리 사상은 종교나 철학의 체계와는 다른 차원의 것이다.

피조물이 하느님의 섭리와 주권에 참여할 수 있는 것은 규정으로서 '존재의 유비analogia entis'에서가 아니라 하느님의 자유에서 그가 먼저 우리와 관계하기 위해 오시는 '관계의 유비analogia relationis', 즉 '신앙의 유비analogia fidei'로써만 가능하다. 피조물은 하느님께서 의미를 부여하시는 그때, 비로소 구속사를 위한 하느님의 종이 되고 도구가 되는 것이다. 끝으로 우리는 섭리론에서 다음과 같은 신학적 의미와 의의를 갖게 되었다.

첫째, 바르트의 섭리론은 하느님과 인간, 그리스도 사건과 세계 역사에서 적극적인 상응 관계를 만나게 한다. 창조자 하느님은 홀로 고고하게 존재하시고 행동하시는 것이 아니라 예수 그리스도 속에서 은총의 사업을 수행하신 분으로서 지금도 성령의 역사 속에서 섭리하신다.

둘째, 바르트의 섭리론은 하느님의 섭리에 있어서 '신학적 윤리', 즉 인간의 자유와 참여에 대해 논할 수 있게 되었다. 이는 예수 그리스도를 통한 하느님의 말씀과 성령으로 임하는 하느님의 섭리와 주권에 대해 신앙과 복종과 기도로써 임하는 것을 말했다.

셋째, 바르트의 섭리론은 인간, 세상, 문화의 제반 문제 앞에서 행동하기 전에 먼저 하느님의 결정과 주권을 고백할 수 있어야 한다는 것을 의미한다. 그것은 그리스도론적 관점에서 본 인간과 세계에 대한 긍정을 가능케 했으며, 동시에 그것은 모든 인간학적 접근에서 시사한 것보다 더 근본적이고 적극적인 해명을 하게 되었다.

넷째, 바르트의 섭리론은 하느님이 인간이 된 성육신 사건과 바로 그 예수 그리스도의 대속적인 고난의 사건만이 무고자the innocent의 고난을 설명할 수 있는 유일한 길임을 밝혀준다. 우리는 욥에게 섭리하신 하느님의 참 뜻을 보았다. 섭리 신앙은 우리로 하여금 예수 그리스도 안에서 사건이 된 하느님을 의지하게 하고, 동시에 우리에게 부여된 신앙적 결단을 통해 역사에 참여케 한다. 왜냐하면 섭리 신앙은 우리에게 닥쳐온 재앙들 앞에서 ―그것이 자연의 재해든 인재든― '하느님의 아픔'을 경험하게 하기 때문이다.

이제 우리는 하느님께서 친히 인간의 아픔에 깊이 동참하시고 있다는 사실에서 무한한 위로와 힘을 얻는다. 그런 의미에서 섭리론은 그리스도인의 삶의 축이 되었고, 동시에 그것은 그리스도인에게 복음이 되고 있다.

성령께서도 연약한 우리를 도와주신다. 어떻게 기도해야 할지도 모르는 우리를 대신해서 말로 다할 수 없을 만큼 깊이 탄식하시며 하느님께 간구해 주신다롬 8:26.

II. 신정론

만일 하느님이 의로우시다면 악은 어디서 오는 것인가?si deus justus, unde malum? 이 악의 문제는 전통적 유신론도 해결하지 못했으며 무신론도 해결할 수 없었다. 기독교의 전통적 신관은 세계 도처에서 일어나는 고난을 단지 '피상적'으로만 설명해왔을 뿐이다. 이러한 정황에서 악에 대한 '신 정의' 문제, 즉 신정론 Theodizee은 기독교 신학의 한 중심 주제가 될 수 있다. 신정론神正論은 하느님의 변명을 뜻한다. 이것은 하느님께서 변명이 필요하신 것이 아니라 '하느님'이라는 개념이 변명을 필요로 한다는 것이다.

이 세계의 악과 선하신 하느님은 어떤 관계를 가지는가? 도대체 하느님은 왜 악과 고난을 허용하시는가? 이러한 질문은 악의 사건을 이 세계의 현실을 떠난 추상적 사변에서 '하느님의 섭리'라고 쉽게 취급해 버리는 것과는 달리 구체적인 악의 현실 속에서 신학적인 답변을 요구한다. 우리는 이 설명할 수 없는 악을 어떻게 규명할 수 있을까? "악의 세력"으로서 '무'는 바르트가 신정론을 신학적으로 규명하기 위해 사용한 특수한 용어다. 그는 무를 규명함으로써 악의 실체를 파악한다. '무'란 악마적인 힘으로서 그 본성을 강조하는 표현이다. 그러나 이것은 적으로서 하느님을 모욕하고 인간을 위협한다. 인간은 그것을 죄책과 형벌로 경험한다KD III/3, 408. 이것은 하느님이 창조하지 않은 세계로서 반드시 극복되어야 할 세계이다KD III/3, 335. 그런데 이 악은 어느 누구에 의해서도 극복될 수 없고, 오직 예수 그리스도의 십자가 사건에서만 극복되었다. 바르트는 자신의 『교회 교의학』 제III권 창조론 중 제3부 섭리론에서 죄, 악 그리고 죽음에 해당하는 '무'의 실재성과 하느님의 적대자들을 집중적으로 다룬다.

1. 창조와 '무'의 문제

바르트는 이 세계에는 악의 세력이 존재하는데 이 세력을 '무'

라고 칭하고, 무의 문제를 하느님의 주권에 대한 새로운 규정으로 다룬다. 하느님의 창조는 무의 사실에 직면해서는 어떻게 주장될 것인가? 그에 의하면 '악' 혹은 '무'는 하느님도 아니고 피조물도 아니다. 이것은 하느님과 그의 피조물이 존재하는 방식으로 존재할 수 없다. 이것은 '제3의 방식으로', 다시 말하면 무로서, '존재하지 않는 것으로서als nichtseiend' 존재한다KD III/3, 402. 바르트는 악을 '무das Nichtige'라고 부른다. '무'는 창조 시에 내버려둔 hinter sich gelassen 지나간 것das Vergangene이다. 무는 실체가 아니고 공허일 뿐이다. '무'란 "불가능한 가능성die unmögliche Möglichkeit"인 그림자Schatten일 뿐이다김영한, 1986, 69f..

바르트는 창세기 1:1-6을 주석하면서 무의 기원을 밝힌다. 하느님께서 세계를 형성하자 하느님의 목적에 반대되는 일체의 것은 사라졌다. 하느님이 창조한 이 세계는 하느님께서 보시기에 참 좋았다창 1:3, 10, 13, 18, 25, 31. 하느님이 빛이 있어라 명하셨을 때 흑암은 거부되었다. "땅은 아직 모양을 갖추지 않고 아무것도 생기지 않았는데, 어둠이 깊은 물위에 뒤덮여 있었고 …"창 1:2에서 창조 이전의 무의 정황이 혼돈과 흑암이었다는 것을 보게 된다. 이것은 하느님이 창조한 창조물 속에 무가 존재하지 않는다는 것을 암시해준다. 따라서 무는 하느님도 아니고 또한 피조물도 아니다. 창조와 더불어 선택과 포기가 동시에 발생한 것이다. 창조된 것이 있는 것과 같이 거부된 무엇이 있다는 이 평행은 창조의 과정에 줄곧 뻗어 있다.

바르트에게 있어 '무'의 문제인 죄와 악은 하느님의 창조 섭리를 통해 이해되지 않는 아주 이질적인 요소로 다루어진다. 그것은 하느님의 피조물과 세계를 다스리는 그의 섭리 속에 있는 것과는 아주 구별된다. 따라서 이것은 극복되어야 할 문제 그 자체로 취급된다. 하느님의 창조는 '무'와는 전혀 다른 것이다. 그러나 그 '무'는 하느님을 적대하고 반항하는 것, 즉 하느님의 부정을 지시한다. 무는 하느님이 창조하시지 않았지만 창조의 변두리에 존재하고 또 거기에 오래 전부터 위치해 온 혼돈에 속한다. 여기서 바르트는 하느님이 창조 때 포기해 버린 혼돈을 일단 무와 같은 것으로 규정한다.

하느님이 창조하신 모든 것은 궁극적으로는 선하고 완벽하다. 물론 그 창조물 자체의 실존 속에는 긍정적인 면과 부정적인 면이 함께 존재한다. 그러나 혼돈은 창조의 부정적인 면이 아니고 창조에서 제외된 것이며, 하느님과 피조물의 관계의 역사 속에 포함되어 하느님의 주권에 종속된 것으로 현재한다. 인간은 이 혼돈에 희생된 죄인이며, 거기에 반해 하느님은 피조물과 관계의 역사 속에서 이 현실적인 위협인 혼돈을 제거하는 것을 중심 문제로 삼으셨다. 그래서 하느님은 창조의 특별활동opus proprium을 확정하시는 것과 함께 무의 세계를 종속시키는 그의 이질적 활동opus alienum을 수행하신다.

바르트는 혼돈과 창조를 다스리는 통치 사이의 관계는 하느님의 섭리로서의 보존으로 단순히 실존을 유지시키는 이상을 의미한다고 한다. 그에게 있어서 무는, 즉 악의 세력은 단지 하느님의 섭리를 인식하고 설명하는 데 혼란을 가져오는 요소라는 그런 정도에서 머물 수 없고, 그 세력은 하느님과 피조물에게 본질적으로 대적해 있다는 사실에서 다루어져야 한다고 한다. 다시 말해 하느님의 세계 지배에 항거하고 있는 세력으로서의 무가 문제시되어야 한다는 것이다. 이 구조는 죄와 사악이라고 하는 자신의 각본을 창조한다. 그 각본은 전적으로 역사의 특정한 순간을 특징짓는 배경 속에 포함되어 있는 제 요소들로 구성된다. 악의 행위들은 이미 결정된 구조와 각본들의 표현이다. 우리는 이러한 구조와 각본들을 활용할 수도 있고 우리의 삶 속에 내면화시킬 수도 있으며 그것들을 실질적인 삶의 목표로 삼을 수도 있다. 그리하여 사악하고 죄 많은 행위들에 빠져들어 갈 수도 있다.

다시 말해서 죄는 제도, 편견, 도덕적·법적 기준, 그리고 사회적 관습의 형태로 영구화되고 있다. 악에는 일종의 연대성이라는 것이 있어서 전체 역사를 통하여 인류를 괴롭혀 오고 있다. 시인은 고난을 이렇게 토로한다: "야훼여, 어찌하여 멀리 계십니까? 이토록 곤경에 빠졌는데 모르는 체하십니까? 악한 자들이 으스대며 미약한 자를 박해합니다. … 악한 욕망을 품고도 자랑스레 뽐내고 탐욕으로 악담하며 야훼께조차 코웃음 칩니다. 악한 자 우쭐대며 하는 말, 벌은 무슨 벌이냐? 하느님이 어디 있느냐?"시 10:1-4 "어찌하여 나를 잊으셨사옵니까? 이 몸이 원수에게 짓눌려 슬픈 나날을 보내니, 이것은 어찌 된 일이옵니까? 네 하느님이 어찌 되었느냐고 날마다 원수들이 빈정대는 소리가 뼛속을 저며 들어옵니다"시 42:9-10. 어떤 사람들은 피부색이 검다거나 가난하게 태어났다는 이유만으로 사회적 낙인이 찍힌다. 상황은 이와 같이 역사적으로 만들어졌지만 그 속에서 태어나는 사람들에게 그것은 운명이 된다. 다시 말해서 그들은 너무나도 악행과 죄의 담지자의 역할을 해왔던 전통적 규범을 사회화시키고 내면화시킨 역사적 과정의 희생자들이 된다. 인간은 어떤 사태 속에서 자신의 의지나 결정과는 전혀 무관하게 이미 범주화되어 버리는 것이다.

그러면 '무'란 무엇인가? 바르트에게서 '무'는 하느님의 은혜에 대한 위협이나 반역을 일으키는 모태이며 존재를 근본적으로 위협하고 부패시키는 것이다. 무의 근원적 특성은 사고될 수 없고 비논리적인 것으로 어떤 유의 논리에서도 용납될 수 없다. 그것은 "불가능한 가능성"이어서 부조리하다는 사실에 있다. 바르트에 의하면 악의 현실인 무는 피조물 내에 포함되는 한 요소가 아니라, 그것은 피조물에 대하여 전적으로 우월하게 대적해 있고 이질적인 것으로 창조 세계에 현재하고 활동하는 것으로 본다. 무와 피조물의 관계에서는 어떤 종합도 화해도 있을 수 없다. 타협이 있다면 그것은 항상 피조물의 굴복으로만 가능하다. 무는 어떤 철학적 체계에 통합될 수 있는 것이나 더 높은 피조적 연관이 아니다. 피조물 그 자체로서는 무를 직시하고 포착할 수 없다. '무'는 피조물에게는 어찌할 수 없는 대적자다. 또한 하느님 자신에게 있어서도 마찬가지로 대적자다.

　무는 하느님이 창조한 피조물이 아니다. 따라서 무는 피조물이 존재하는 것처럼 존재할 수 없다. 그것은 '제3의 방식으로' 다시 말하여 '무로서', '존재하지 않는 것으로서' 존재한다. 실로 세상에는 그것이 설자리가 없다. '무'는 하느님과 피조물처럼 그의 한계를 가지지도 못한다. 우리가 하느님은 피조물이 아니며,

피조물은 하느님이 아니라고 말할 때, 여기서 "아니다"는 하느님의 긍정적인 의욕과 선택과 활동의 표현으로서 한계를 설정해 준다. 그러나 무에게는 그러한 긍정적인 의욕과 활동도 표현하지 않을 뿐만 아니라 한계도 설정되지도 않는다. 무가 한계를 거부함으로써 피조물의 세계 속에 파괴적인 것으로 현실화될 뿐이다.

무는 피조물과 아무런 적극적인 관계를 가지지 못하기 때문에 인식의 대상도 되지 못한다. 무는 존재론적 가능성을 소유하지 못하기 때문에 비합리적이다. 따라서 무는 우리의 모든 이해 능력을 헛되게 한다. 무는 적극적 성격을 지니고 있으며 하느님이 지으신 피조물을 대적하고 도전한다. 무는 하느님의 존재에 저항하고 있지만, 그러나 그것은 하느님의 지배와 섭리 아래 있는 것으로 독립된 존재 범주적인 근거를 갖지 않는다. 무란 하느님의 세계 지배에 대한 절대와 반항이 있다. 세상에서 일어나는 사건 중에는 사악한 조직인 악마적인 한 요소가 있다. 그것은 하느님의 섭리에 의해서 이해되지 않으며, 창조 시에 일어난 사건처럼 전능하신 하느님의 행위로 보존, 수반, 통치되지 않는 것이다.

악이 어디서 오는가? 인간의 도덕적-윤리적 잘못에서 악이 오는가? 그렇지 않다. 욥기를 보라. 욥은 "온전하고 진실하며 하느님을 두려워하고 악한 일은 거들떠보지도 않는 사람"욥 1:1.8으로 하느님이 인정한 사람이었다. 그러나 그의 고난은 인간이 상상할 수 없을 정도로 극에 달했다. 욥은 하느님이 인정한 그대로 의인이었는데 악이 그를 괴롭힌 것이다. 인내의 사람 욥이 자기의 고통을 부르짖을 때, 그는 분명히 인간적으로 말해서 끝이 없는 슬픔을 생각하고 있었다. 우리는 이러한 설명할 수 없는 악을 통한 고난의 극치를 예수 그리스도의 십자가 사건에서 만난다. 유대인들은 십자가에 달린 예수를 바라보면서 "하하, 너는 성전을 헐고 사흘 안에 다시 짓는다더니 십자가에서 내려와 네 목숨이나 건져 보아라"막 15:29라는 조롱은 악의 실제를 경험할 수 있는 내용이다. 예수께서 "나의 하느님 나의 하느님, 어찌하여 나를 버리셨나이까?"막 15:34 하고 물으신다. 그 물음은 진정한 의심과 절망의 표현 그 이상이었다. 우리는 거기서 신정Theodizee의 문제에 대한 가장 드라마틱한 표현을 만난다. 왜냐하면 그 부르짖음은 바로 악의 최후를 말해주고 있기 때문이다.

바르트는 무를 피조물의 어떤 본질적 결정으로 본다든지, 하느님 자신의 본질적인 의지의 결정으로 보는 이론들을 용납하지 않는다. 왜냐하면 무와 어두운 면을 혼동할 때 창조자와 피조물의 진정한 모습을 보지 못할 뿐만 아니라 무의 위협을 경시하는 과오를 범할 수 있기 때문이다. 피조물은 부정적인 어두운 면에 있어서 무에 인접해 있다. 그러나 이 어두운 면 자체가 무는 아니며, 무와 관련을 갖는 것도 아니다. 또한 무란 존재의 논리적 반대 개념도 존재하는 것과의 상호 관계도 아니다. 무란 사고나 존재가 변증법적인 행동에서 그 자체를 고차적인 수준에로 고양시키는 필연적 무대도 아니다. 무란 세계를 창조하는 모태 역시 아니다.

바르트는 재래의 신정론에서 무의 문제에 대한 근본적인 과오는 예수 그리스도의 부활에 나타난 하느님의 주권을 보지 못한 데 있다고 지적한다. 이런 생각은 한편으로는 하느님에 대하여 무의 세력을 불안스럽고 회의적으로 과대평가하여 용이한 비관주의에 빠지게 되고, 다른 편으로는 피조물에 대하여 그 세력을 과소평가하여 안이한 낙천주의에 빠지게 된다. 결국 무의 문제에서 초점은 어떻게 이런 과오들을 피하면서 하느님의 주권을 무의 영역에서도 정당하게 적용시킬 수 있겠는가 하는 것이다. 이것은 곧 재래의 신정론과는 다른 그의 특수한 신정론의 형성을 의미한다.

바르트는 전 시대에 논의된 신정론이 죄의 실재, 즉 죄의 혐오와 사악한 죄의 본성을 제대로 관찰하지 못했다는 것을 지적한다. 바르트의 무의 개념은 우선 실존 문제와 관련되어 있다. 그에게 있어서 무의 문제는 하느님의 주권과 통치와 관련하여 다루어진다. 우선 무의 현실이 무엇인가를 보자. 첫째, 무는 하느님과 피조물에게 존재하지 않는다. 무는 비존재나 비실존이 아니라, 하느님과 관계의 빛에서 제3의 방식으로 '현실적으로' 존재한다. 둘째, 무는 하느님도 아니고, 피조물도 아닌 어떤 것, 즉 단순히 아닌 것과 동일시될 수 없다. 만약 무가 피조물의 불완전성에서 추구될 수 있다고 생각한다면 그것은 피조물을 지으신 하느님에 대한 모독이다. 셋째, 무는 피조물의 자연적인 인식의 대상이 아니라, 하느님의 관심과 행위의 대상이다. 무는 그것에 대립해 있는 하느님이 존재와 태도가 피조물에게 계시됨으로써만 인식할 수 있다. 인간은 항상 무를 오해하여 한편으로는 하느님과 그의 활동을 비방하는 한 필연성으로 보거나, 다른 한편으로는 하느님과 관계에서 적극적인 어떤 결정으로 표현하여 오류를 범한다.

2. '무'의 실존적 위협과 그리스도의 십자가

바르트는 세계 속에 악의 세력이 존재하는데 이 세력을 무라고 칭하면서 하느님의 주권 안에서 무의 세력이 어떻게 취급되고 극복되는가를 신학적으로 해명하고 있다. 그것은 "하느님의 의인Rechtfertigung Gottes"을 바로 세우는 일, 즉 그의 독특한 신정론을 의미한다. 무das Nichtige라는 용어는 바르트가 처음 사용한 것으로 무를 적극적인 힘으로 보아 그 본성을 강조하는 표현이다. 일반적으로 특히 실존주의에서 말하는 무Nichts와 구별된다. 바르트는 무의 문제에서 하느님과 피조물에게 본질적으로 대적해 있다는 사실에서 세력으로서 무를 본다. 무, 즉 악은 정복되어야 한다. 그래야 하느님 나라가 도래하고 새 하늘과 새 땅이 열릴 것이기 때문이다.

그러나 악은 여전히 집요하게 역사의 한 부분으로 남아 있으면서 계속적으로 인간을 위협하고 있다. 어떻게 악으로 나타나는 무를 정복하고 승리를 가져올 수 있을까? 인간의 도덕적 수양이나 교육, 아니면 훌륭한 제도적 장치로 악을 극복할 수 있을까? 물론 이 모든 것이 어떤 면에서는 어느 정도의 대책이 될 수 있을 것이다. 그러나 이 모든 대책의 주체가 되는 인간 자신이 이미 악의 노예 상태에 있기 때문에 인간이 만든 제도에는 여전히 악이 도사리고 있다. 이것은 인간성 자체로서는 악에 대한 해결책이 없다는 말이다. 우리가 악의 문제를 다룰 때 과소평가하지 않는 것이 중요하다. 악이란 역동적인 것으로서 역사를 방향 지우고 우리의 삶에 대한 어떤 의도를 가지고 있는 존재다. 악은 이런 의미에서 구조적 특질을 가지고 있다.

그러나 우리는 성서에서 하느님 자신이 악의 문제를 해결하고 있음을 본다. 하느님은 악의 운명을 결정한다. 하느님은 예수 그리스도 안에서 피조물이 되시고 피조물의 죄와 악과 고난과 심판을 스스로 짊어지시고 당하신다. 그는 예수 그리스도의 십자가에서 악의 세력이 절정에 달하도록 하신다. 하느님은 그의 아들 예수 그리스도와 함께 십자가에 달리신다. "하느님의 아픔"은 버림받고, 상실되고, 포기하는 피조물에게 새로운 통찰을 제공해 준다. 시편에서 한 시인은 하느님과 하느님의 일들로부터 인간의 생명선을 절단하는 죄책감, 질병, 곤궁, 의심, 절망, 허무, 죽음의 한계 상황에서 분명한 대답을 가지고 있음을 볼 수 있다.

하느님에게 있어서 하느님 자신이 십자가의 죽음 속에서 결판난 운명의 무다. 이제까지 악이 모든 인간에 대하여 승리하였으나, 여기 골고다의 십자가에서 그 세력을 상실하고 만다. 무를 제압한 하느님의 승리는 예수 그리스도 안에서 역사적 사실로 나타나고 성공적으로 하느님과 인간을 화해시킨 그리스도 역사 안에서 성취되고 확증된다. 하느님이 예수 그리스도 안에서 이 무의 세력에 대해 심판Nein!을 발하시는 그 순간 위협하는 악의 제거가 성취되었다. 오직 예수 그리스도의 십자가 사건에서 극복된 것이다. 그 심판이 저 골고다의 의미다. 그것은 인간 편에서 볼 때는 하느님의 패배로 보이나 하느님 편에서 볼 때는 하느님의 승리를 말한다. 이와 같이 십자가는 악에 대한 궁극적 승리를 말하며 부활은 십자가에서 일어난 이 승리를 증명해주는 예표다.

하느님은 이러한 그의 은총과 계약의 사업을 바로 예수 그리스도 안에서 결정적으로 수행하셨다. 그리스도 안에서 현실적으로 하나의 피조물이 되시고 그 사정을 단지 외양으로가 아니라 실지로 그 입장을 추가하므로 그 자신의 사정으로 삼으신 것이다. 이것은 한낱 이론이나 개념이 아니라 구체적인 사건, 곧 예수 그리스도의 인격과 십자가에 죽으심에서 하느님의 무에 대한 결정적인 투쟁이 일어났고 무는 정복되었다. 이제 하느님의 이질적 활동opus alienum은 그것이 예수그리스도의 죽음에서

단 한 번에ein für allemal 성취되었고 그 대상이 상실되었다. 이제 무는 자신을 낮추어 피조물이 되시고 예수 그리스도 안에 계신 하느님의 현존을 견딜 수 없게 되었고 삼킬 수 없는 대적을 만났다. 그의 피조물에게 보여준 하느님의 은총은 무를 무위케 한 것이다. 십자가를 통한 악에 대한 승리는 십자가에 달린 자의 부활을 통해 확증된다. 이리하여 '악'의 세계, 즉 무無적인 것의 나라는 파괴되었다.

이와 같이 바르트의 신정론은 그리스도론적 접근에서 더욱 철저화되었다. 예수 그리스도 안에서 '무'에 대한 정복과 승리가 나타날 때, 무에 대한 거짓 평화와 혼돈의 세력은 무력해져서 악의 세계, 즉 무의 나라는 파괴된 것이다. 그러므로 피조물의 세계에서 지금도 활동하고 있는 악은 하느님에 의하여 극복된 악이다. 그것은 하느님 앞에서는 아무 힘도 없다. 악에 대한 예수 그리스도의 승리를 믿는 새로운 피조물에게는 그것은 더 이상 아무것도 아닌 '무'일 뿐이다. 아직도 혼돈이 할 수 있는 역할이란 패배당한 원수로서 역할을 할 따름이다. 무는 과거지사요. 낡은 위협과 위험과 파괴다. 무는 하느님의 신성한 창조를 흐리게 하고 더럽혔지만 이젠 예수 그리스도 안에서 과거로 치부된 낡은 비존재다. 무는 퇴거되고 근절되었다. 그런데 우리는 여기서 중요한 질문을 제기할 수 있다.

그리스도 안에서 무의 운명은 이미 판가름이 났다. 그것은 이미 창조 때부터 하느님과 피조물과는 달리 어떠한 은총의 약속도 갖지 않았으며 하느님의 은총의 활동을 위한 종속적이고 잠정적인 필연성으로 허락되었지만 이제는 그리스도의 승리로 인해 그 불가능한 가능성까지도 철회된다. 즉 하느님은 예수 그리스도의 높아지심에서는 피조물에게만 관계하고 더 이상 무와는 관계치 않는다. 무는 그 영속성을 상실한 것이다. 이 악마의 운불가능한 가능성으로 나타나 다시 한 번 골고다에서 분쇄된다. 악마는 창조된 전 세계를 정복하려고 하였지만 그의 노력이 단한 번에 패배당했다.

그러나 이러한 악의 패배는 그리스도 안에서 가능했다. 이것은 악이 완전히 사라졌음을 뜻하지 않는다. 악은 지금도 세계의 도처에서 죄와 파괴를 일으키고 있다. 여기에서 악으로 나타난 무는 그 존재적 맥락에서 볼 때 우선적으로 하느님의 정복 대상이다. 바르트에 의하면 그것은 하느님의 은총 사업을 거부하고 그것에 낯설고 그 은총 없이 존재하는 것으로서 하느님으로부터 그의 영광과 존귀를 빼앗고 피조물로부터 하느님이 부여하시는 구속과 권리를 빼앗으려는 세력이기 때문에 무와의 투쟁은 먼저 하느님 자신의 일이다. 피조물 자체는 무와 겨룰 수 없으며 그것을 극복할 수 없다. 스스로 정복할 수 있다고 결단한다면 그것은 하느님의 은총을 거스르는 것이기 때문에, 곧 악의 선택이요 재앙일 뿐이다.

이 점에 있어서 하느님의 특별한 은총의 신비가 전개된다. 바르트에 의하면 무의 문제에 있어서 하느님의 은총이란 피조물이 무에 희생되고 있는 사정을 그 자신의 것으로 삼으셨다는 것을 의미한다. 하느님은 이미 창조 때 피조물을 그의 은총의 역사에 동반자로 삼으셨기 때문에 피조물의 구속에 대한 무의 위협 속에서 자기 자신에 대한 공격을 보신다. 그래서 하느님은 피조물 대신 무의 공격을 받고 낮아질 준비가 되어 있으며 저주받은 피조물의 축복된 하느님이 되기보다는 오히려 그의 피조물과 함께 저주받은 존재로 계실 것이다.

이런 마당에서 무란 무엇인가? 바르트는 그리스도의 승리에서 보는 무의 운명을 그리며 무의 문제에 있어서 신앙적인 자세를 역설한다. 예수 그리스도를 통하여 무는 지나간 것이요 하느님의 적극적인 의지의 완성으로 파멸되는 옛 허무로 간주된다. 창조자와 피조물의 관계는 그리스도 안에서 무의 영향으로부터 자유하였고 무는 더 이상 하느님과 피조물에 대하여 제3의 요소로 존재하지 않는다. 그것은 이제 무화의 작용을 할 수 없게 되었기 때문에 더 이상 두려워할 것이 아니다. 기독교 신앙의 관점에서 내세울 명제는 하느님의 간섭으로 무가 그 영속성을 상실했다는 것을 확언하는 것이고 예수 그리스도의 부활을 회고하고 영광 중 오실 그의 재림을 바라보는 것이다. 예수 그리스도 사건에 대한 신앙의 복종에서 무의 문제로부터 자유함을 받는다.

예수 그리스도 안에서 악이 전멸되었다면 왜 인간사에 악이 존재하는가? 승리의 징표signs는 그리스도 안에서 이루어진 것이다골 2:15, 요일 3:8, 마 12:29. 악의 권세를 꺾는다는 것이 아직 투쟁의 분명한 종결을 의미하지 않는다. 신약성서는 투쟁이 종결된 때를 미래로 말한다. 악마의 함정딤전 3:7, 딤후 2:26, 유혹의 제 형태, 절제와 경계의 필요성벧전 5:8, 약 4:9, 엡 6:16, 행 13:10, 마귀의 위험을 말하고 있다. 인간은 악의 노예 상태에 있기 때문에 자신의 힘으로 악을 이길 수 없다. 왜냐하면 인간은 악에 사로잡혀 있기 때문에 하느님을 알면서도 하느님으로 받들어 섬기거나 감사하기는커녕 오히려 생각이 허황해져서 그의 어리석은 마음이 어둠으로 가득 차 있기 때문이다롬 1:21. 결국 인간은 선한 것이 무엇인지를 알지만 그것을 행할 수 있는 능력이 없다고 할 수 있다.

바울은 자신이 악에 사로잡혀 있다는 것을 이렇게 고백한다.

나는 내가 해야 하겠다고 생각하는 선은 행하지 않고 해서는 안 되겠다고 생각하는 악을 행하고 있습니다. … 여기서 나는 한 법칙을 발견했습니다. 곧 내가 선을 행하려고 할 때에는 언제나 바로 곁에 악이 도사리고 있다는 것입니다. … 나는 과연 비참한 인간입니다. 누가 이 죽음의 육체에서 나를 구해 줄 것입니까? 롬 7: 19-24

우리는 바울의 탄식 속에서 인간의 한계성을 만난다. 인간은 악의 현실 앞에서 무력하다. 무는 현실적인 힘으로 존재하고 하느님과 피조물을 공격하는 원수라고 할 때 더욱이 피조물에 대하여는 우월하게 피조물 스스로는 희생될 수밖에 없는 세력으로 나타난다고 할 때 무의 문제는 사변적 추론으로 해결되는 것이 아니라 투쟁과 정복의 문제다. 그러나 문제는 악이 이미 창조의 선택에 그리고 결정적으로 십자가 사건과 부활 사건에서 극복되었다고 하더라도 여전히 피조물이 세계 변두리에 존재하여 피조물을 위협하는 세력으로 등장한다. 그러나 그것은 두려워할 악이 아니라 다만 위험하게 보이는 권세일 뿐이라고 말한다.

여기에서 이미 해방자로서 세상에 와서 행동하신 그분에 대한 자유와 세계에 널리 퍼져 있는 불안, 율법주의, 비관주의를 배제하는 자유의 메시지를 선포할 수 있다. 무에 대한 기독교적 인식의 참된 진지성은 비관적인 사고와 말에 의존하는 것이 아니라 낙관적인 사고와 말에 근거한다. 이제 진지하게 되는 것은 단지 예수 그리스도가 승리자라는 사실을 진지하게 받아들이는 것을 의미한다. 바르트는 이와 같이 예수 그리스도 안에 있는 은총의 승리에서 무의 문제를 새롭고 강력한 신정론을 수립했다.

그러나 무의 현실은 하느님의 주권과 맞설 수 있는 대상이 아니라, 하느님께 종속되어 있는 불가능한 가능성이다. 그러므로 바르트는 무에 대한 바른 인식을 예수 그리스도 안에 나타난 은총의 빛에서만 가능하다고 한 것이다. 이러한 그의 입장을 따르면 이제 무의 문제에서 "진지하게 되는 것"은 단지 예수 그리스도가 승리자라는 사실을 진지하게 받아들이는 것을 의미한다. 그것은 인간의 교만과 인간이 가진 죄 성의 특성을 무시하는 것에 대한 경고 같은 것이었다. 그것은 인간 중심의 사고에 위기를 말하는 위기 신학으로 명명할 수 있다. 위기는 인간의 교만과 인간 중심적인 자기 확신을 심판하는 하나의 선언이다. 바르트가 '무'라는 특수한 낱말을 가지고 신정론을 시도한 것도 우선

재래의 신정론에서 보여준 인간 중심적인 모든 근거를 제거하는 것이고, 그 다음으로 전 피조물을 위협하는 세력으로서 우리의 제어를 벗어난 죄의 실질적인 특성을 보여주려는 것이었다.

무엇보다도 바르트는 재래의 신정론에 대하여 새로운 빛을 던졌다. 악의 현실로서 무는 하느님으로부터도 피조물 자체에게서도 기인하지 않고 오히려 그들에 대적하여 있는 적으로서 하느님을 모욕하고 인간을 위협한다. 그것은 불가능한 것이며 견디기 어려운 것이며, 완전히 비정상적인 것이며 한계를 설정할 수 없는 것이었다. 더욱이 무는 피조물에 대해서는 항상 우월한 세력으로 현재하며 피조물 자체로서는 파악하고 통제할 수 없는 것이다. 그러나 무가 예수 그리스도의 십자가에서 정복되므로 단지 형식적으로서가 아니라 실질적으로 무의 문제가 처리된 것이다.

이와 같이 바르트는 '하느님의 정의 문제'를 다룰 때 '악'의 문제를 진지하게 다룬다. 이것을 소홀히 다루는 것은 하느님의 승리의 현실성Wirklichkeit을 은폐시키는 것이 되어 버리기 때문에 경고까지 한다. 그래서 그는 악의 극복을 그리스도론에서 적극적으로 다룬 것이다. 그러나 문제는 악이 이미 창조의 선택에, 그리고 결정적으로는 십자가 사건과 부활 사건에서 극복되었다고

KD Ⅲ/3, 330f. 하더라도 여전히 피조물이 세계 변두리에서 존재하여 피조물을 위협하는 세력으로 등장한다. 그대로 이것은 두려워해야 할 악이 아니라, 다만 위험하게 보이는 권세일 뿐이라고 바르트는 말한다KD Ⅲ/3, 424. 따라서 우리는 "내가 세상을 이겼다"는 복음으로 싸운다. 그것은 신학의 사유가 '끝Ende'이라는 빛 아래서 생각해야 함을 말한다. 이에 그의 '하느님 말씀의 신학'은 미래가 처음이고 현재가 다음에 오는 '종말론적eschato-logisch'인 성격을 띠고 있다.

정리하면 바르트는 그의 신학 프로그램이 그러하듯이 신정론을 다룰 때에도 그리스도론적으로 풀어나갔다. 그는 18세기 이래로 인간의 선험적인 인간 의식 위에 수립된 모든 신정론, 예를 들면 악을 도덕적 의식의 한 현상으로 보았던 칸트, 악을 신 의식의 약화로 본 슐라이어마허, 죄를 역사 발전을 위한 불안전한 무대로 본 리츨 등의 신정론을 폐기한다. 왜냐하면 인간학적인 의미에서 무란 무의 현상일 뿐이지 그것 자체가 아니기 때문이다.

바르트에게 있어서 그리스도론적 입장을 떠난 무의 실재론의 접근은 망상이다. 왜냐하면 무의 실재는 그리스도론적 관점에서만 고찰되고 밝혀지기 때문이다. 그는 전통적인 신정론 이해에서 무를 창조의 어두운 면, 즉 부정적인 면과 혼동하는 근본적 오해에서 비롯된 것으로 보고 그 부정적인 면에 대한 편견을 제거하므로 진정한 무의 현실을 밝히려고 하였다. '무'는 창조자 입장에서도 피조물의 입장에서도, 그리고 피조물의 행동에서도 설명될 수 없다. 무는 하느님에 대한 반항에서 명시되지만 마침내 그리스도의 십자가에 의해서 패배를 당한다. 그러므로 골고다언덕에서 그리스도의 십자가는 인간을 악에서 구하시기 위한 "하느님의 의"를 표현한 기독교의 신정이다.

십자가는 악에 대한 궁극적 승리를 말하며, 부활은 십자가에서 일어나 이 승리를 증명한다. 이리하여 '악'의 세계, 즉 무적인 것의 나라는 파괴되었다. 이와 같이 바르트는 '하느님의 정의 문제'를 다룰 때 '악'의 문제를 진지하게 다룬다. 이것을 소홀히 다루는 것은 하느님의 승리의 현실성Wirklichkeit을 은폐시키는 것이 되어 버리기 때문에 경고까지 한다. 그래서 그는 악의 극복을 그리스도론에서 적극적으로 다룬 것이다. 그러나 문제는 악이 이미 창조의 선택에, 그리고 결정적으로는 십자가 사건과 부활 사건에서 극복되었다고KD III/3, 330f. 하더라도 여전히 피조물이 세계 변두리에서 존재하여 피조물을 위협하는 세력으로 등장한다. 그대로 이것은 두려워해야 할 악이 아니라, 다만 위험하게 보이는 권세일 뿐이라고 바르트는 말한다KD III/3, 424.

우리는 바르트가 그의 신정론을 그리스도론적으로 취급했을 때 명백한 것은 인간이 악에 관계하지 못한다는 사실이었다. 그것은 하느님이 결판을 낸 일이었다. 바르트는 무의 현실을 특수한 존재의 맥락에서 밝히므로 하느님의 주권 아래서 무의 자리를 통일시킬 수 있었고 이것은 재래의 신정론에 대하여 전적으로 새로운 빛을 던진 것이다. 우리가 예수 그리스도의 은총의 승리에서 무의 문제를 생각한다면 글자 그대로 '무'는 '아무것도 아닌 것das Nichtige'이다. 그래서 우리는 이긴 싸움을 싸우고 있는 것이다. 그것은 신학의 사유가 '끝Ende'이라는 빛 아래서 생각해야 한다는 것을 말한다.

제 4 장
화해에 대한 교리

어떻게 2000여 년 전 팔레스타인의 한 목수의 아들 나사렛 예수의 죽음이 모든 인류의 죄를 용서한다는 화해 사건의 단초가 될 수 있을까? 이러한 신학적 주제에 대하여 기독교 신학은 누구나 충분히 이해할 수 있도록 다루지 못했다. 왜냐하면 예수 그리스도의 사건을 공간과 시간을 뛰어넘어 온 인류 혹은 오늘의 우리를 위한 사건으로 설명하는 것은 그렇게 쉬운 것이 아니기 때문이다. 이제 기독교 신학은 그 당시의 사건이 오늘의 사건으로 그리고 한 사람의 죽음이 온 인류를 위한 죽음으로 설명해야 할 과제를 안게 되었다. 이것은 하나의 주제, 그리스도의 화해에 대한 신학적 이해를 하는 것이 될 것이다.

바르트의 신학은 후기에 이르러 대화의 신학을 펼쳤다. 그것은 그의 『교회 교의학』 13권 중 IV/1권, IV/2권, IV/3-1권, IV/3-2권, IV/4권에서 그의 관심이 어디에 집중되었는지를 보여준다. 그의 신학의 강조점은 초기 바르트나 중기 바르트와는 달리 더욱 넓은 대화의 신학으로 나왔다. 우리는 여기서 대화의 신학, 화해론, 성령론, 종말론을 다루고자 한다.

I. 화해론

그리스도교는 화해의 종교다. 그리스도의 오심과 활동과 십자가와 부활, 성령의 부으심 그리고 재림의 일련의 사건들은 모두 화해를 위한 그리스도의 사건이다. 그리스도는 화해하지 못하는 온 인류의 죄의 담을 허무시기 위해 십자가에 달리심으로 화해의 길을 열어놓았다.

1. 화해론의 신학적 배경

바르트가 직접 화해론이라고 타이틀을 붙인 것은 제1차, 제2차 세계 대전이 끝난 그 이후에 썼던 그의 『교회 교의학』IV/1, 2,

3권에서다. 이제 그의 신학은 전투하는 쪽에서 화해하는 쪽으로 전환이 이루어졌다. 그는 그의 생애 동안에 전쟁의 소용돌이 속에서 살아계신 하느님을 말하다보니 자연적으로 인간에 대한 강한 부정을 한 것처럼 보인 것이다. 그렇기 때문에 그의 신학은 인간에 정초된 신학에 대해서 비판이 강할 수밖에 없었다. 그러나 이제는 강한 부정만이 만사가 아니었다. 어떻게 지고하신 하느님과의 대화, 인간과 인간의 대화를 위한 화해의 길을 모색했다. 그에게 19세기 문화 개신교의 산물로 본 전쟁 신학에 대해서 강한 부정Nein!을 했을 때 세기를 마감하는 신학의 패러다임 시프트paradigm shift가 일어난 것이다.

하느님과 인간은 그리스도를 통해 화해가 된다. 그리스도는 인간에게 '복음good news'으로 다가온 것이다. 그리스도는 하느님과 인간의 다리가 된다. 로마서 주석 제2판(1922)에서 보여준 바르트 신학은 상황을 고려해 볼 때 '시대의 딸'로서는 가치가 있더라도 성서적 복음적 이해에는 못 미쳤다고 볼 수 있다. 왜냐하면 인간에게 복음으로 다가오지 않고 있기 때문이다. 바르트는 1922년 "신학의 과제로서 하느님의 말씀"이라는 강연 속에서 "우리는 신학자로서 하느님을 말해야 한다. 그러나 우리는 죄인으로서 하느님을 말할 수 없다"는 두 축을 말하고 있다. 그는 어떻게 이런 긴장을 해소할 수 있을까 고심하고 연구에 몰두했다. 그는 칼뱅, 쯔빙글리, 슐라이어마허, 하이델베르크 신앙문답 등 개혁교회 전통의 신학들을 집중적으로 연구했다. 그는 거기서 자유주의 신학보다는 종교개혁자들을 통해서 보다 "성서로 가는 길", 즉 "하느님 말씀의 신학Theologie vom Wort Gottes"의 토대를 발견하였다.

그의 평생의 저작인 『교회 교의학』은 그리스도 중심으로 씌어진 복음주의 신학이다. 『로마서 주석』에서 보여준 "하느님과 인간의 무한한 거리" 대신에 『교회 교의학』에서는 "오직 성서", "오직 믿음", "오직 은총", "오직 그리스도"를 말한 종교개혁자들의 전통을 이었다. 그리스도를 통한 계시는 바르트 신학의 주제였다. 그리스도를 통한 계시는 앞에서 언급한 하느님이 누구인가를 보여주는 사건이다. 계시는 우리 밖에서extra nos 온 것이기 때문에 이 세계의 모든 현실과 구별된다. 계시란 우리의 일상적 경험과 이성과 합리성으로 파악할 수 없는 "새로운 것"이라고 성서는 증언한다. 그런 점에서 그 계시는 우리에게 낯설다. 그렇지만 그것은 인류의 구원을 위한 하느님 자신의 뜻을 지시하고 있다. 그분은 "모든 세대 모든 사람에게 감추어져 있던 것" 골 1:26으로서 "하느님 나라의 비밀"막 4:1이요, 복음의 비밀엡 6:19이다. 바로 그분이 예수 그리스도다. 골 1:27, 2:2, 엡 3:4 이제 인생의 슬픔, 고뇌, 죄, 등의 한계성은 그리스도의 은총 속에서 기쁨, 감사, 찬양으로 바뀐다.

여기서 바르트의 화해론은 초기 『로마서 주석』 때와는 달리 하느님과 인간의 만남이 그리스도를 통해서 새롭게 정초된다. 초기에 하느님의 주권과 심판을 강조했다면, 그의 주저 『교회 교의학』에서는 예수 그리스도 안에 나타난 하느님의 은총과 사랑이 강조된다. 그러나 신학적 입장은 삼위일체 하느님 중심의 축은 바뀌지 않았다. 그는 여기서도 19세기 자유주의와 대결을 하고 있다. 그가 자유주의 신학을 비판하는 것은 인간 속에 하느님이 용해되었기 때문이었다. 자유주의 신학에서는 하느님이 인간의 '감정feeling' 속에Fr. Schleiermacher, '역사history' 속에A. von Harnack, '가치worth' 속에A. Ritschl, '종교religion' 속에E. Trölsch 함몰되었다고 본 것이다. 그러나 바르트는 그들과는 달리 계시된 예수 그리스도 안에서 하느님과 인간의 소통이 이루어진다고 본 것이다.

바르트의 화해론이 갖고 있는 가장 탁월한 신학적 공헌은 그가 전통적인 구속사Heilsgeschichte 개념을 예수 그리스도가 참신이며, 참 인간인 것을 결합한 것이다. 그는 수직적인 차원에서 일어난 사건, 곧 예수 그리스도 안에서 하느님이 인간이 되신 사건과 인간 예수가 들림을 받은 사건을 계약 신학적으로 설명한다. 즉 나사렛 예수 안에서 하느님이 인간이 되신 것Menschwerdung Gottes in Jesus Christus은 하느님의 영원한 언약 "나는 너희 하느님이 될 것이다"의 수행으로 본 것이다. 바르트는 예수 그리스도의 이 땅에 오심을 시간적 약속으로 보았다. 왜냐하면 하느님과 인간 사이의 계약은 이미 내재적 삼위일체 안에서, 즉 영원한 아들 예수 그리스도 안에서 세워진 것이기 때문이다KD II/2, 157ff. 동시에 그는 인간의 아들의 들리심KD IV/2, 1ff.을 "너희는 나의 백성이 되어야 한다"를 그리스도가 인간을 대표해서 대리적으로 수행한 것으로 이해한다. 바르트에 있어서 하나님과 인간의 하나 됨은 계약의 목적이다. 그는 예수 그리스도 안에 있는 수직적 운동이 실제적으로 계약을 통하여 암시되었고, 그리고 구약성서에서 잠정적으로 계시된 계약이 예수 그리스도의 화해 사건에서 종말론적으로endzeitlich 성취되었다고 본 것이다.

2. 화해론의 내용

바르트에게 있어서 화해론은 예수 그리스도에 대한 진술이다. 예수 그리스도 안에서 '참 인간vere deo'이시며, '참 하느님vere deus'이신 분은 '우리를 위한pro me' 사랑의 하느님이다. 하느님은 세상을 사랑하기 이전에 이미 사랑의 하느님이시다. 하느님은 사랑의 관계 속에서 삼위의 하느님으로 존재하는 관계의 하느님이다. 바르트는 예수를 계약의 두 파트너, 인간과 하느님의 대표자Stellvertreter라는 계약의 중개자신분Mittlerschaft을 가진 자로서 변증해낸다. 바르트는 예수 그리스도의 신성과 인성을 계약 중개자라는 화해자의 존재론적 전제로 제시하지 않고, 오히려 예수의 화해자 사역Werk, work에서 귀납적으로 변증한다. 이러한 방식으로 그는 예수의 양성론에 대한 전통적 견해를 극복하고, 이를 계약 신학적으로 변증하여 화해의 의미를 실천적으로 이용한다.

바르트에 의하면 인간과 하느님의 화해사건은 우발적으로 일어난 것이 아니다. 즉 인간이 죄를 지었기 때문에 하느님께서 예수 그리스도와의 화해를 계획하신 것이 아니다. 화해는 이 세상이 창조되기 이전 영원 전부터 하느님께서 예수 그리스도 안에서 맺으신 계약에 기인한 것이다KD IV/1, 71. 바르트의 교의학적 진술은 전통적 화해론이 말하는 "창조-죄-화해"의 순서와 다르다. 그에게 있어서 화해는 보다 적극적으로, 하느님께서 인간과 하나가 되고자 하는 "원초적인 하느님의 의지"의 성취로 해석한다. 다시 말하면 화해를 단순히 하느님과 인간의 '의무규정'의 완성 내지는 성취로 보지 않고, 보다 적극적으로 영원한 하나님 결의의 관철로 본다.

바르트는 예수의 죽음이 죄로 인하여 분리된 하느님과 인간 사이를 어떻게 다시금 결합시키는 화해의 사건이 될 수 있겠는가에 집중했다. 바르트는 안셀무스 연구를 통해서 "지식을 질문하는 신앙fides quaerens intellectum"이라는 명제 속에 그의 신학 프로그램의 변화를 모색했다. 그 변화는 '예수 그리스도 중심적 신앙'에서 '신앙의 유비'와 '관계의 유비'로『교회 교의학Kirchliche Dogmatik』1932-67 13권에 나타났다. 바르트는 "하나님이 왜 인간이 되셨는가?cur deus homo?"란 질문에 대하여 하나님의 계약의지의 관철 혹은 성취로 답변한다. 그는, 하나님께서 인간과 맺으신 계약을 성취하기 위하여 나사렛 예수 안에서 인간이 되셨다고 해석함으로써 계약신학을 그의『교회 교의학』전개에서 부각시킨다. 하느님께서 예수 안에서 인간이 되신 것은 "나는 너희의 하느님이 되겠다"는 하나님의 영원한 결의 내지는 언약을 성취시키기 위한 것이었다KD IV/2, 2f.. 그리고 예수가 부활하여 승천한 것은 인간의 계약의무 내지는 인간에게 주어진 계명, 즉 "너희는 나의 백성이 되어야 한다"를 죽기까지 순종함으로 충실히 실행한 결과로 이해했다KD IV/2, 3f.

교의학은 본질적으로 하나님이 그리스도 안에 계셨고, 세상을 자기 자신과 화해하셨다고후 5:19는 것을 총체적으로 진술한다. 화해론은 그의 교회 교의학의 가장 내적인 중심 이다. 그래서 바르트는 하느님과 인간의 화해를 예수 그리스도의 이름 "임마누엘, 하느님이 우리와 함께하시다Immanuel, Gott mit uns"라고 하는 말로 요약한다. 바르트는 예수의 존재와 사역을being and work 한데 묶어서 그의 화해론적 교회 교의학을 전개시킨 것이다. 그는 예수 그리스도의 인격과 행위를 나누어 예수의 대속적 죽음 이해에 머물렀던 기존의 화해론을 신학적 작업을 통해 그리스도 중심적으로 새롭게 전개한 것이다. 따라서 바르트에게 있어서 화해론은 곧 그리스도론이고, 그리스도론은 화해론이다.

따라서 바르트에 있어서 계약의 의미는 예수를 통한 계약 성취를 보편적인 계약을 위하여 영원하고 종말론적으로 계시된다. 따라서 구약성서와 신약성서에서 계약의 의미는 옛 계약에서 새 계약으로의 수렴이 되어 약속과 성취라는 도식으로 통일성과 연속성을 갖게 된다. 이러한 방식으로 그는 예수 그리스도의 존재와 사역을 구약성서의 계약신학에 근거하여 변증하였다. 화해의 사건은 영원한 계약에 의해서 종말론적으로 일어난 사건이다. 바로 그 사건이 예수 그리스도의 죽음을 말하며, 바르트에게서 보편적인 의미를 가진다. 그리스도는 자신의 몸을 속전贖錢으로 지불한다. 만일 어떤 한 사람이 자기의 생명을 많은 사람들을 위한 속전으로 준다면, 그 사람은 모든 사람을 대표하여 그들을 위하여 속전을 지불하는 것이다. 사실 사람의 아들은 섬김을 받으러 온 것이 아니라 섬기러 왔고, 또 많은 이들의 몸값으로 자기 목숨을 바치러 왔다막 10:45.

바르트에게서 예수 그리스도는 화해의 핵심이다. 화해자 예수 그리스도는 세상을 향한 화해의 근원이다. 하느님의 섭리와 예정 속에서 하느님의 위대한 계획이 수립되었고, 예수 그리스도의 강림과 그의 하느님 나라의 운동과 십자가의 고난과 죽음 그리고 부활 속에서 하느님의 화해가 시작된 것이다. 너와 나의 화해가 아니라, 화해하지 못하는 너와 나를 위해서 그리스도가 화해의 제물이 된 것이다. 화해케 하는 그리스도의 십자가는 인간의 운명을 드러나게 했다. 인간 자체적으로는 아무것도 할 수 없다는 하나의 축과 동시에 그리스도의 희생으로 너와 내가 화해할 수 있게 되었다는 것이다. 우리는 화해의 주인공이 될 수 있다는 것이 성서가 제시하는 복음이다. 우리는 인간이 하느님의 형상으로 지음 받았다는 성서적 진술과 다시금 십자가 아래서 더 깊은 차원으로 하느님과의 바른 관계를 가지게 되었다는 사실을 숨길 수 없다.

지금까지 우리는 바르트가 예수 그리스도 안에서 일어난 수직적 두 운동을 수평적인 것으로 '계약을 통한 약속과 성취'의 구조 속에서 해석하고 있다는 것을 말했다. 그는 지금까지의 수평적 역사적 차원에서 '약속과 성취'라는 사고 구조 속에서 예수 그리스도를 통하여 일어난 인간과 하나님과의 화해 사건을 수직적 구조를 빌려 설명하였다. 다시 말하면 예수가 참 하느님이고, 인간이기 때문에 이러한 계약의 두 파트너의 대리인 Stellvertreter이 된 것이 아니라 —그것은 인식될 수 없기 때문에— 그가 이 두 파트너의 중개자Mittler가 되었다는 그 사실 자체, 곧 예수 그리스도의 사역에서, 예수의 양성은 필요 불가결한 전제라는 것이다. 이렇게 함으로써 바르트는 예수 그리스도 사건에서 수평적인 것과, 즉 구속사적救贖史的인 것과, 수직적인 것, 즉 예수 그리스도의 오심과 들리우심을, 계약 신학적으로 종합한 것이다.

바르트는 아담의 타락으로 인한 보편적 죄와 예수 그리스도를 통한 보편적 화해의 일치를 연결시킨다. 예수는 자신의 피를

많은 사람을 위하여 모든 사람을 위해서 흘리는 십자가의 사건 이전에 이미 약속한 언약의 표시로서 성만찬이 제정되었다. 이제 새 계약은 인간의 그 어떤 상응한 행위를 요청하지 않는, 예수 그리스도를 통한 일방적인 계약체결이며, 동시에 하느님 자신에 의한 계약 수행을 뜻한다.

그들이 음식을 먹고 있을 때에 예수님께서 빵을 들고 찬미를 드리신 다음, 그것을 떼어 제자들에게 주시며 말씀하셨다. "받아먹어라. 이는 내 몸이다." 또 잔을 들어 감사를 드리신 후 제자들에게 주시며 말씀하셨다. 바르트는 성서에 근거하여 계약의 피를 화해의 피로 해석한다.

모두 이 잔을 마셔라. 이는 죄를 용서해 주려고 많은 사람을 위하여 흘리는 내 계약의 피다 마태 26:26-28.

하느님께서는 예수님을 속죄의 제물로 내세우셨습니다. 예수님의 피로 이루어진 속죄는 믿음으로 얻어집니다. 사람들이 이전에 지은 죄들을 용서하시어 당신의 의로움을 보여 주시려고 그리하신 것입니다 롬 3:25.

그분은 우리 죄를 위한 속죄 제물이십니다. 우리 죄만이 아니라 온 세상의 죄를 위한 속죄 제물이십니다요한 1서 2:2.

그 사랑은 이렇습니다. 우리가 하느님을 사랑한 것이 아니라, 그분께서 우리를 사랑하시어 당신의 아드님을 우리 죄를 위한 속죄 제물로 보내 주신 것입니다요일 4:10.

3. 화해론적 근거

그리스도는 화해케 하시는 하느님이다. 예수그리스도 안에 나타난 하느님의 무한한 긍정 속에서 인간에게 자유의 길이 열린 것이다. 인간의 자유의지는 인간 자체에 있지 않고 하느님의 은총의 사건, 십자가의 사건 속에서 얻어진 '자유의지'다. 그 자유의지는 성령의 역사 속에서 하느님을 향한 결단으로 향하게 된다. 그것을 우리는 구원이라고 한다. 화해의 기초가 되는 그리스도는 성서 그 문자 자체에 매달리는 '성서 문자주의'가 아니라, '오직 예수', 즉 '오직 복음'에서 발견될 수 있다고 본 것이다. 그리스도는 하느님과 인간, 즉 하느님과 인간의 감정, 하느님과 역사, 하느님과 문화, 하느님과 현실성을 이을 수 있는 우리에게 주어진 최대의 선물이라는 것이다. 그런 점에서 그리스도는 분열된 이 세계에서 분열과 차별로 얼룩진 세계 속에서 복음으로 화해의 근거가 된다고 본 것이다.

바르트는 성서 비평학이 하느님의 말씀을 바르게 이해하는 것을 도왔다고 본다. 그러나 성서 비평학이 인간적 차원에서 머물지 않고 그 한계를 벗어나 계시를 손상시킬 때 그것은 오만 불순한 행위일 뿐이라고 한다. 그리스도로 말미암아 세상은 구원을 얻는다. 우리는 '기록된 성서'에서 복음인 예수그리스도를 읽어내야 한다. 이 복음을 위해 그는 성서 비평학의 소리를 거쳐서 성서가 말하는 소리를 읽고자 했다. 그는 성서 안에 더 위대한 하느님의 말씀이 있다고 생각한 것이다. 그것은 성서가 그리스도를 지시하고 있다는 말이다. 그리스도는 하느님과 인간, 즉 하느님과 인간의 감정, 하느님과 역사, 하느님과 문화, 하느님과 현실성을 이을 수 있는 우리에게 주어진 최대의 선물이라는 것이다. 그런 점에서 그리스도는 분열된 이 세계에서 분열과 차별로 얼룩진 세계 속에서 복음으로 화해의 근거가 된다고 본 것이다.

바르트의 화해론은 그의 신학 프로그램, 즉 삼위일체 하느님과 예수 그리스도에서 이미 설계되었다. 특히 예수 그리스도를 선택하고 유기했다는 그의 예정론에서 그의 화해론적 입장이 특징적으로 나타났다. 하느님은 예수 그리스도를 버리시고 모든 인류를 택했다는 것이다. 오직 예수 그리스도 그분 한 분만이 버림 받으신 분이다KD II/2, 398, 562. 만민을 살리기 위해 그렇게 한 것이다. 십자가 사건에서 만민은 하느님과 화해가 되었다. 십자가에 달리신 그리스도를 보면 나를 선택하신 하느님이 명백하게 계시되어 있다는 것이다. 십자가는 죄로 인해 갈라진 하느님과의 담을 헐어버린 화해의 징표다. 나와 너와 우리 모두를 대신해서 그리스도는 십자가에 달리신 것이다. 따라서 그 십자가는 그 누구도 예외 없이 화해의 근거가 된다.

십자가는 나누어지고 찢어진 인류에게 화해의 동기가 된다. 그는 인간의 모든 잘못, 모든 죄악을 스스로 짊어지는 결단을 하신 것이다. 인간은 죄로 인해 하느님을 모두가 떠났다. 따라서 인간은 멸망할 수밖에 없다. 철저하게 타락했고 인간 자체로서는 희망이 없었다. 그러나 하느님은 죄악에 빠져 있는 인류를 보고 결단하신다. 예수 그리스도를 유기하시고 그리고 다시 그를 택한다. 이것은 십자가의 신비요 비밀이다. 하느님은 예수 그리스도 안에서 인간을 선택하신 것이다. "우리를 그리스도와 함께 살게 하시려고 천지 창조 이전에 이미 우리를 뽑아 주시고,

당신의 사랑으로 우리를 거룩하고 흠 없는 자가 되게 하셔서 당신 앞에 설 수 있게 하셨습니다. … 이것은 하느님께서 뜻하시고 기뻐하시는 일이었습니다"엡 1: 4-5.

그렇다면 가령 이순신 장군에게도 하느님의 화해의 사건이 의미가 있는 것이 아닐까? 그 이전의 예수를 알지 못했던 우리 조상들은 어떻게 되는 것인가? 그들도 역시 그리스도 때문에 화해와 구원에 이르지 않는가? 아니 예수를 알지 못한 나의 할아버지와 할머니 모두가 그들 자신 때문이 아니라, 화해의 주격이 되는 하느님의 사랑의 결단 때문에 화해 속에 있지 않는가! 그들이 화해의 사건 속에 들어온 것은 전적으로 십자가로 인함이다. 여기서 중요한 것은 하느님의 영원한 결단이 중요하다. 인간은 시간 안에서 결단하지만 하느님은 영원에서 결단한다. 인간은 하느님의 결단을 측량할 수 없다. 초대교회 전승과 관련하여 그리스도가 십자가에 달려 죽은 후부터 부활하기까지 음부에 가서 복음을 전파하는 사건은 십자가의 의미가 죽은 사람에게까지 확대되고 있다. 죽은 자들에게도 복음이 전파되고 있는 것이다. 그리스도의 십자가는 지옥문을 파괴시킨 것이다. 몰트만 J. Moltmann은 그리스도가 죽은 후 3일 동안 음부에 내려가서 복음을 전한 사건을 "지옥 파괴" 또는 "열려진 지옥"이라는 표현을 쓴다. 이어서 그는 초대 교회가 죽은 자들을 위한 기도가 있었다는 것을 말한다. 그러나 문제는 로마 가톨릭교회가 이것을 연옥 교리로 발전시켜 공덕사상과 결탁하고 복음적인 특성을 탈색시킨 것이 문제라고 지적한다. 초대교회의 정신은 지옥과 사망 권세를 완전히 파괴시킨 분이 예수 그리스도라고 믿고 있었다.

바르트의 그리스도를 통한 객관적 화해는 시간을 넘어 죽은 자들에게까지 소급된다. 왜냐하면 그들도 그리스도의 은총의 빛 속에 있기 때문이다. 이러한 바르트의 객관적 화해론의 근거는 정통주의 신학의 기계적 이중 예정의 교리도, 그리고 개인의 신앙을 구원의 조건으로 삼는 주관적 화해론도 모두가 거부된다. 오직 그리스도 십자가 아래서만 만민이 구원을 받게 되었다는 것이다. 그리스도로 말미암아 인간에게 화해의 길이 열린 것이다. 다시 말하면 그리스도 안에서 인간은 모두가 한결같이 용서받은 자라는 것이다. 이러한 바르트의 은총의 선택론, 즉 그의 화해의 사건은 결국 보편적 구원, 즉 "만인 구원론Apokatastasis" 빌 2:10-11; 롬 5:18-19; 고전 15:22 참조을 말하는 것이나 다름없지 않은가 하는 우려와 비판이 있다.

여기서 그리스도로 말미암은 화해 사건이 객관적 사실이라면 그것은 시간과 공간을 뛰어넘은 사건으로 이해된다. 그 사건은 인간의 신앙과 상관없이 인류를 향한 하느님의 무조건적 사랑의 결단으로 단번에once for all 이루어진 것으로 하나의 객관적 사실fact이다. 우리가 하느님과 화해되는 것은 자신의 신앙에 달려 있다고 믿었다. 그러나 바르트에 의하면 화해의 근거는 인간의 주관적 신앙고백에 있는 것이 아니라, 객관적으로 화해가 이루어진 것이다. 바울은 호세아서를 인용하여 하느님의 결단으로 인한 주권의 범위를 이렇게 표현한다: "내 백성이 아니었던 사람들을 내 백성이라 부르겠고, 내 사랑을 받지 못하던 백성을 내 사랑하는 백성이라 부르리라"롬 9:25; 호 2:23. 이것은 전통 예정론, 즉 이중 예정론과는 아무런 관계가 없다. 여기서 다시 이중 정통 예정론에 대하여 생각해보자. 정말 인간의 운명이 인간의 손에 달려 있는가? 시간적·공간적 조건 때문에 아직 그리스도를 알지 못하는 자들이 영원히 멸망하는 것인가? 정신 장애자들은 어떻게 말할 수 있는가? 아직 종교가 무엇인지 모르는 아기들은 어떻게 되는 것일까? 아니 회교도들은 모두가 다 멸망하는 것인가? 우리 주변에는 스스로 결단할 수 없는 사람들이 너무나도 많다.

몰트만은 바르트가 만약 구원론을 쓰고 종말론을 썼다면 만인 구원론으로 갔을 것이라고 한다. 왜냐하면 하느님의 심판은 결국 그리스도의 십자가 아래서 은총의 승리가 되기 때문이다. 바르트는 1942년 그의 신학 프로그램을 설정하면서 하느님에 의해서 버림받은 분은 오직 예수 그리스도 외에 없다고 단언했다. 그는 "유일한 버림받은 자der einzige Verworfene"이다. 하느님은 예수 그리스도를 버리시고 우리를 선택했다는 것이다. 하느님은 우리를 살리기 위해 그리스도를 심판한 것이다. 여기서 예수 그리스도만 보면 "만인 구원론"의 인상을 준다. 왜냐하면 하느님은 우리를 심판하시지 않고 자신을 심판하시기 때문이다. 그러면 기계적인 보편구원론을 말하는 것인가? 그러나 바르트는 "하느님의 주권", "하느님의 절대은총"을 말하지만, 그것은 '만인 구원론'이나 '보편 구원론'은 아니었다. 왜냐하면 그가 강조한 예수 그리스도 안에서 일어난 하느님의 주권은 이제 인간이 하느님의 은총을 받아들이느냐 아니면 거부하느냐 하는 결단의 순간에 인간의 자유 의지Wille der Freiheit를 파괴하는 것이 아니기 때문이다.

이러한 결단이 가능한 것은 우리를 향한 하느님의 뜨거운 은총의 부르심이 앞서서 결정되었기 때문이다. 우리는 이 하느님의 화해의 행위가 어떻게 이루어지는가를 알기 위해 하나의 예를 들어 설명해 보자. 어떤 초라한 산골에 한 처녀가 살고 있었다. 그런데 백성들의 사랑과 존경과 신뢰를 받는 그 나라의 왕자가 그 처녀를 사랑하게 되었다. 그녀를 사랑한 왕자는 임금님과 의논해서 그녀를 아내로 맞이하기로 결정했다. 그래서 왕자는 시골에 찾아가서 그녀에게 사랑을 고백하고 왕궁으로 갈 것을 청했다. 이때 그 시골 처녀는 두 가지 반응을 할 수 있을 것이다. 우선 이 왕자의 청을 기쁜 마음으로 받아들이고 왕궁으로 따라가서 그의 아내가 되는 경우를 생각할 수 있을 것이다. 또는 이와는 정반대로 왕자의 청을 거절하고 왕자에게 무안을 줄 수도 있을 것이다. 그러나 그 왕자는 그녀를 무척 사랑했지만 인격과 덕망이 높은 분으로서 강압적으로 행동하지 않았다. 결국 왕자가 계속 그녀의 마음을 사기 위해 노력하는 동안에 처녀는 왕자의 사랑에 감동이 되고 그의 인격과 용모에 사로잡혀 왕자를 사랑하게 되어 마침내 그의 아내가 되었다김명용, 1995. 6, 198ff..

그렇다면 이 처녀가 왕자비가 된 것은 무엇 때문일까? 처녀가 어느 날 결정을 잘 하였기 때문인가? 그렇지 않다. 그 처녀의 결정에 앞서 이미 왕궁에서 왕자가 사랑하여 아내로 맞이하기로 작정한 결정 때문이었다. 이와 같이 하느님의 화해의 행위는 선행하는 하느님의 사랑과 은총을 전하려는 교리다. 왕자가 그 초라한 시골 처녀를 사랑하기로 결정한 것처럼 하느님은 예수 그리스도를 선택하셔서 세상을 구원하시고자 하셨다요 3:16. 우리가 그리스도의 복음을 듣고 믿어 하느님의 자녀가 된 것은 어느 날 우리가 결정을 잘했기 때문이 아니다. 하느님이 먼저 우리를 찾아오셔서 부르셨기 때문이다. 그것에 대하여 우리는 하느님의 은총 속에 있는 우리의 자유의지Wille der Freiheit로 받아들인 것 뿐이다. 그러므로 예수 그리스도 안에서 선택은 예수 그리스도 안에 있는 하느님의 사랑이 불가항력적 은혜로 표현되고 있는 복음을 말한다.

지금까지 우리는 바르트의 화해를 그리스도론 내지는 삼위일체적, 더 구체적으로 말하면 계약 신학적 근거에서 살펴보았다. 자세히 말하면, "나는 너희 하나님이 될 것이고, 너희는 나의 백성이 되어야 한다"는 계약의 말씀이었다. 이러한 그의 계약 신학적 화해론은 그리스도의 양성론을 하느님의 계약 신학적 구원경륜救援經綸 속에서 전개한 것이었다. 그는 그리스도론을 계약 신학적으로 전개함으로써 화해전승과 계약전승을 구속사적으로 종합한 것이다.

바르트의 화해론은 삼위일체론적, 그리스도 중심적 사고에서 신학적 근거를 가진다. 따라서 그의 신학적 진술은 여기서도 정통, 체제, 이념, 종교의 틀을 벗어나 자유의 행진을 시작한다. 그것은 마치 탕자가 자유를 찾아 나섰지만 세속에서 실패하고, 그리스도 안에서 화해하고, 그래서 참 자유의 삶을 사는 것과 같다. '탕자의 자유'는 오늘날 화해를 잃어버린 세계를 향해 주는 신학적 메시지다.

하느님이 인간과 화해하기 위해서 스스로 죽으시고 죽을 운명에 있는 인간을 살려내신 것이다. 이러한 십자가의 사랑의 행위는 이웃사랑과 원수 사랑의 원리가 된다. 십자가는 화해의 도구다. 화해케 하는 십자가 없이 어떻게 인간이 화해의 주격이 될 수 있을까? 십자가는 반목질시하는 이 세계 속에서, 전쟁과 테러가 자행되는 이 세계 속에서, 탐욕으로 인해 망가져 가고 있는 이 세계 속에서 그리고 흑백, 남북, 제1세계와 제3세계의 분단된 현실 속에서 강한 화해의 메시지로 들리고 있다.

이러한 바르트의 계약 신학적 화해론은 두 가지 점에서 질문이 제기된다.

첫째는 바르트의 신학은 계시 중심의 신학으로 성육화되지 않은 말씀을 거부하기 때문에 인간성의 선재先在에 대한 문제가 제기된다.

둘째는 그 반대로, 만일 창조 이전 영원한 아들 예수 그리스도 안에 있는 인간성의 선재가 수용될 수 없다면, 화해를 위하여 예수 그리스도 안에서 인간이 되신 사건은 하나님의 영원한 계약 내지는 결의의 인격화와 무엇이 다른가 하는 점이다.

셋째는 화해의 전제가 인간의 죄가 아니라면, 바르트에게 있어서 화해는 이레니우스의 회복설 내지 반복설이나 몰트만의 종말이 예수 그리스도의 사건에서 선취되었다는 소위 선취설 Antizipationstheorie과의 구별이 없어지게 된다는 점이다.

결론적으로 '하느님의 인간 되심', 즉 화육이 하느님의 영원한 결의의 인격화에 상응하다면, 결국 그리스도의 인성 논쟁을 그대로 남겨둔 결과가 된다는 점이다.

그러나 비록 이러한 교리사적인 논점을 남겨 놓기는 하였지만, 그는 그리스도론에 관계된 전통적 신앙고백, 즉 "예수는 참 신이시고, 참 인간으로서 우리의 주님이시요, 화해자이시고 그리스도이시다"라는 성서적 진술을 교리 자체에 머물던 것을 계약에 대한 성취 그리고 사역work으로 그리스도를 화해의 본질로 규명한 점이 탁월하다. 화해의 행위는 그리스도의 화해로서 온 세상에 희망이 된다. 그리스도는 온 인류를 화해하게 하기 위해서 십자가에서 하느님으로부터 버림을 받고 있다. 이 세계에서 화해의 현실성과 가능성이 열린 것이다.

II. 성령론

바르트는 그리스도 중심적으로 신학을 전개해 나갔다. 그러나 앞에서 언급한 바대로 그가 1968년에 쓴『슐라이어마허 선집』의 "뒷자리 말"에서 우리는 그의 성령론을 위한 개봉을 인식할 수 있다. 이러한 바르트 자신의 말을 생각하여 그의 신학을 '성령론적 관점'에서 보기 시작한다면 바르트 신학에 대한 새로운 평가를 내릴 수 있다. 그의 성령론에 대한 이해는 그의 작품 곳곳에서 발견된다. 성령론에 대한 바르트의 저서로는 자신의 주저『교회 교의학』외에도『성령과 그리스도인의 삶Heilige Geist und Christliches Leben』1930, 칼뱅의『기독교 강요』제III권 성령론 강의, 성령론1967 강의 등이 있다. 그의 성령론은 성화Heiligung, 즉 중생regeneratio, 갱신renovatio, 회심converatio, 회개Buße, 뒤따름Nachfolge을 말하는 윤리 속에 잠재되어 있다. 그러나 어느 곳에서든지 그리스도와 연결되는 성령의 이해를 다루는 것이 특징이다. 따라서 우리는 앞에서 밝혔듯이 그의 성령론을 '그리스도론적 성령론' 내지 '성령론적 그리스도론'으로 이해하고자 한다.

1. 성령과 현실성

바르트의 성령론 이해를 위해 우선 삼위일체 속에서 '자유의 영'을 다루고, 그 다음에 '성서의 영'을 다룸으로써 '말씀의 신학'의 참된 의미를 드러내고자 한다. 마지막으로 신학적 윤리를 말하는 '삶의 영'을 언급하기로 한다.

(1) 자유의 영

교회 안에서 그리고 교회를 통해 계시된 성령은 자유의 영이다. 교회가 성령은 자신이 원하는 곳에서 역사하시는 자유의 영이라는 사실을 확신했다면, 더 겸허하게 열린 마음을 가지고 대화하고 소통하기 위해 친근해지지 않았을까? 약속된 성령은 특정한 특권층에게만 주어진 직무의 영이나, 성서의 문자 영감론에 국한된 영이 아니라, 자유의 영으로서 역사하고 싶은 곳에 역사한다.

바르트에게 있어서 '자유의 영'으로서 성령은 삼위일체론에서 다루어지는데, 우선 내재적 삼위일체, 즉 하느님 안에서 관찰되고, 그리고 인간을 향한 경세적ökonomisch 삼위일체 속에서 설명된다. 내재적 삼위일체에서 성령의 자유는 '신의 존재 방식'으로 시작된다. 바르트에게 신성Gottheit은 하느님의 자유를 위한 필수불가결의 전제 조건이다. 왜냐하면 인간은 인간이 접근할 수 없는 신성을 통해서만 하느님을 하느님이 되도록 할 수 있기 때문이다. "성령은 계시의 사건에서 하느님의 영이 되지 않는다. 오히려 계시의 사건은 그의 주관적 측면에 따라 분명성과 명료성을 가진다. 왜냐하면 이 사건에서 주관적 동기인 성령이 하느님 자신의 본래적인 것이기 때문이다. 그가 계시 안에 있는 것은 미리 그 자신 안에 있는 것이며, 그가 미리 그 자신 안에 있는 것은 계시 안에 있는 것이다. 신성의 모든 깊이 속으로, 즉 그에 대하여 말해야만 하는 최종적인 것으로서 하느님은 아버지와 아들이신 하느님이듯이, 그는 영이신 하느님이다"KD I /1, 489.

이와 같이 성령은 '주격' 혹은 '주관적 동기'로서 다른 두 존재 방식(성부와 성자)과 함께 자유하신 하느님이시다. "성령은 세계의 영이 아니며, 교회의 영도 아니다. 성령은 어떤 한 크리스천의 영도 아니다. 성령은 하느님의 영이며, 하느님 자신이다. 그는 영원히 아버지와 아들로부터 발현하시고, 영원한 하느님의 사랑 속에서 아버지와 아들과 함께 하나의 본질이기 때문에 그들과 함께 경배되고 존경받을 분이시다"KD IV/1, 722.

바르트는 여기서 니케아 신조에 나오는 성령에 대한 이해를 그대로 받고 있다. "성령은 주가 되시며, 만물을 소상케 하여 살리는 영이시며, 성부·성자에게서 나왔으며, 성부·성자와 함께 기도와 경배 대상이 된다"KD I /1, 492. 이러한 경배 사상이 되는 하느님은 그의 독특한 존재 방식에서 서로가 서로를 향해 마주서 있다. "하느님은 바로 자신 안에서, 영원부터 그리고 그의 절대적 순수성에서 타자에게 향한다. 그는 타자 없이 존재하고자 하지 않는다. 하느님은 타자와 함께 타자 안에서 자신을 소유하면서 자신을 가지고 싶어 한다"KD I /1, 507.

위의 인용은 하느님의 신성, 즉 자유의 영의 특성을 말해준다. 성령의 자유는 우선 다른 두 하느님의 존재 방식과 구별되어 나타나고, 또한 바로 아버지와 아들에게 행동적으로 서로 사랑하도록 한다. 이렇게 성령의 자유는 '정지'와 '행동'K. Barth, 1947, 1959, 49을 함께 포함하고 있다.

성령의 자유성을 특징지을 수 있는 또 하나의 좋은 예는 성령의 어원을 밝히는 희랍어 프뉴마πνευμα에서 찾을 수 있다. 'πνευμα'는 입김·숨·폭풍·바람·영 등의 뜻을 담고 있다. 요한은 성령의 자유성을 이렇게 표현한다. "바람은 제가 불고 싶은 대로 분다. 너는 그 소리를 듣고도 어디서 불어와서 어디로 가는지를 모른다. 성령으로 난 사람은 누구든지 이와 마찬가지다"

요 3:8. 여기서 성령은 '바람'의 특징과 기능으로 설명된다. 바람은 자기 자신의 방향이 정해져 있다. 이것은 어느 무엇에 의해서도, 그리고 누구에 의해서도 좌우되지 않는 독보적인 힘이다. 이렇게 성령은 우선 내재적 삼위일체 안에서 '자유의 영'의 특성을 가진다.

다음으로, 경세적 삼위일체 안에서 자유의 영에 대하여 논의해 보자. 이제 성령의 자유는 자기 자신에게 머물지 않고 인간에게 향한다. 이러한 자유를 우리는 '위한 자유Freiheit für'로 특징 짓는다. 성령의 자유는 인간이 계시의 수신자가 되도록 능력을 부여하는 영이다. 따라서 우리는 인간에게 향한 그의 오심을 자유로운 은혜로 파악하게 된다. 인간은 "성령을 받고, 성령을 소유하고, 성령 안에서 살게 된다." 이와 같이 성령은 자유의 영으로서 우리에게 스며든다. 바람과 인간의 입김이 우리의 입에서 나와 다른 곳으로 가서 작용하는 것처럼 성령도 우리가 볼 수 없고 만질 수 없으나, 자신에게서 나가 인간에게 거하여 예수 그리스도를 바라보게 하고 하느님의 말씀에 눈을 뜨게 하여 인간을 자유인이 되게 한다. 우리가 믿는다는 사실은 전적으로 하느님의 자유로운 은총이다고전 12:3; 롬 8:9. 이 자유 안에서 예수 그리스도가 진리의 영으로서 우리 삶의 중심에 있다. 왜냐하면 성령은 인간의 영이 아니라 그리스도의 영이기 때문이다. 그는 우리에게 예수 그리스도를 지시해 주고 있다. 따라서 우리의 자유는 언제나 진리인 예수 그리스도를 중심으로 하여 이루어진 자유이다롬 8:32.

성령은 자유의 영으로서 질서의 영이며, 평화의 영이고, 교회뿐만 아니라, 세상에도 존재하고 역사하는 영이다. 자유의 영으로서 성령을 두고 "성령은 불어야 할 때 분다"고 해서는 안 되고, 성서가 말하는 그대로 "성령은 불고 싶을 때 분다"고 해야 된다. 그것이 자유의 영으로서 성령의 주권성이다. 성령이 인간에게 불고, 그리고 교회에 불면 무엇이 일어날까? 인간은 진리의 영 안에서 객체로 되지 않고 자유인이 된다. 비로소 인간은 역사의 주체가 되고 그리고 공동체에 불면 하느님 나라의 세계 변혁적 은총에 부응하여 인간을 객체로 생각하는 비인간화된 상황을 부수고 하느님 나라를 태동케 한다.

(2) 성서의 영

바르트를 하느님의 말씀의 신학자로 일컫는 것은 그의 성서에 대한 탁월한 이해, 즉 '성서의 영'을 보면 알 수 있다. 그에게 "성서의 영"은 계시와 하느님의 말씀을 신학의 출발점으로 삼은 것을 검토해 보면 더욱 분명해진다K. Barth, 1922, V.

그에게 하느님의 말씀은 '선포된 말씀'(설교), '기록된 말씀'(성서), '계시된 말씀'(계시)이라는 3중 형태에서 설명되며, 또한 그 말씀은 삼위일체적 관점에서 전개된 것이다. 즉 선포된 말씀-성령, 기록된 말씀-성자, 계시된 말씀-성부로 각각 일컬어진다. 하느님의 말씀으로서 '설교'는 '성서'를 해석하며, 이 성서는 이미 '계시'의 말씀을 근거로 하고 있다는 말이다.

우리가 성령론적 이해와 관련하여 주목할 것은 하느님의 말씀의 순서가 전통적인 형태와 달리 표현된다는 것이다. 신앙 고백의 전통적 형태는 언제나 성부(계시)-성자(성서)-성령이다. 그런데 바르트는 이러한 순서를 뒤바꾸었다(성령-성자-성부). 이러한 순서는 권위의 질서를 새롭게 세운다. 바르트가 교회사적이나 신학사적 전통과는 다르게 '선포된 말씀'(설교)으로 시작한 것은 그의 신학이 성령론적으로 전개되어 있음을 보여준다. 무엇보다도 교회에서 선포되는 하느님의 말씀이 우리의 삶과 가장 가까이 있음을 잊지 않았다고 볼 수 있다. '선포'의 주체는 '성령'이며, '성서'는 계시의 증언이며, '계시'는 하느님의 현현이다.

하느님의 힘으로써 성령은 인간에게 하느님의 말씀의 인식을 가능케 해 준다. 즉 하느님의 계시가 인간에게 적용되도록 한다. "성서에 의하면 하느님의 계시가 사건이 되는 것은 성령이 그의 말씀을 인식하도록 우리를 깨닫게 해 주는 한에서 가능하다. 성령이 임하는 것이 곧 하느님의 계시이다. 이러한 사건의 현실성 속에서 하느님의 자녀들이라는 사실과 하느님을 그의 계시에서 인식하고 사랑하고 찬양하는 우리의 자유가 성립된다"KD I /2, 222. 선포된 말씀은 이처럼 바르트에게 가장 중요한 말씀으로 등장한다. 즉 성령의 현실을 강조한 것이다.

그러나 그의 하느님의 말씀 이해는 이것으로 그치지 않는다. 현장과 닿는, 선포된 말씀의 근거가 되는 성서 자체에 대해 언급해야 한다. 이것이 바로 '성서 영감론'이다. "성령과 성서 사이의 두 실재가 하느님의 은총의 자유스러운 행동이 되고, 그 내용은 우리에게 대하여 항상 약속이 될 수 있도록 성령과 말씀의 관계를 표시하지 않으면 안 된다"박봉랑, 1991, 144.

바르트에 의하면 "성서는 근원적이고 합법적인 하느님의 계시의 증거로서 하느님의 말씀 그 자체이다"KD I /2, 557. 여기서 "성서가 하느님의 말씀이다"에서 '이다ist'라는 말을 강조하여 바르트는 설명한다. "성서가 하느님의 말씀이다"라는 문장에서 '이다ist'는 과거에 이미 일어났고, 또 장차 일어날 하느님의 지시와 행동과 결단을 포괄하고 있다. 인간은 결코 "성서가 하느님의

말씀이다"라고 말할 수 있는 능력을 가지고 있지 못하다. 성서
가 하느님의 말씀이 됨은 우리 인간의 판단이나 권위에 있는 것
이 아니라 오직 하느님의 의지와 결정과 주권에 달려 있다KD I /2,
557ff. "성서가 하느님의 말씀이다"라고 인식될 수 있는 것은 성
령의 증거의 교리를 말한다KD I /2, 597. 즉 성서는 성령을 증거하
는 책이다.

바르트는 "모든 성서가 하느님의 영감으로 된 것으로πασα γραφη θεο
πνευστος"를 "모든 성서는 하느님의 영에 속해 있는 것" 즉 "하느님
의 영을 호흡함으로써 펼쳐진 것"으로 해석한다KD I /2, 559. cf. 딤후
3:16; 벧후 1:21. 바울은 고린도후서 3장 6절에서 문자γραμμα는 사람을
죽이지만 성령은 사람을 살린다고 말한다. 즉 성령의 역사가 없
으면 성서는 아무리 그 근원이 거룩하고 그 영광이 클지라도 그
글을 읽으면서도 그 뜻을 깨닫지 못하게 된다고후 3:14. 따라서 그
에게는 열려진 책이 사실상 덮여진 책이나 마찬가지이다KD I /2,
559.

우리가 성서를 문자로 파악하지 않고 살아 있는 하느님의 말
씀으로 파악하게 된 것은 전적으로 성령의 역사이다. 바울은 고
린도전서 2장 6-16절에서 영적인 사람과 영적이 아닌 사람을 대
조시키면서 오직 "영적인 사람ὁρνευματικος" 만이 성서가 말하는 내

용을 깨달을 수 있다고 한다. 성령은 '성서의 영'으로서 성서 자체에만 머물러 있는 것이 아니라 인간에게 향하여 말씀을 깨닫게 한다. 말하자면 성령은 성서를 성서 되게 했고, 지금도 성서 위로über, 성서 안에서in 임재하여 역사한다. 따라서 성서를 지배할 수 있는 능력은 인간이나 교회나 어떠한 교리가 아니라 오직 성령일 뿐이다KD I /2, 570. 우리는 이 땅, 즉 아직은 승리에 도달하지 못했으나 투쟁하는 교회에서 '성서가 하느님의 말씀이다'라는 것을 고백한다KD I /2, 571. 이 고백에서 하느님의 자유로운 행동인 성령의 역사가 내포되어 있다. 성령은 '투쟁의 영'으로서 하느님의 말씀이 세상에서 구체화되도록 이를 이끌어 준다.

끝으로, 우리는 성서의 영의 올바른 이해를 위해 바르트가 비판한 로마 가톨릭 교회와 정통주의 그리고 자유주의 신학에서 본 성령과 성서의 관계를 살펴보자. 로마 가톨릭 교회는 성서의 권위를 성령에 두지 않고 교회에 두었다. "만일 누구든지 가톨릭교회가 정경으로 받아서 교회에서 읽어오는 구약과 신약과 외전Apocrypha의 모든 부분을 거룩한 책으로 받지 아니하면 저주를 받으라"박봉랑, 1991, 158고 한다. 여기에 반해 정통주의에서는 성서의 축자영감설로 인해 하느님의 말씀과 우리를 위한 그리스도의 사업과 우리에 대한 성령의 역사의 관계가 모호하게 되어 하느님의 자유한 은총이 상실되었다. 즉 성서의 문자 자체에만 성령을 국한시킨 것이다. 마지막으로 자유주의 신학자 슐라이어마허는 그가 강조한 감정이나 신앙에 하느님의 말씀이 용해되어 혼합되었기 때문에 '주관주의'에 빠진 것이다.

가톨릭교회가 성서의 권위를 교회에 두었다면, 정통주의는 성서문자에 권위를 두었기 때문에 '성서주의'에 빠져 성서의 선포에서 나타나는 성령의 현실을 놓쳤다. 마찬가지로 슐라이어마허에게 있어서도 성서의 성령의 영감을 '신앙'으로 대체해 버린 것이다. 이때 신앙은 인간의 자기 확신에 불과한 감정에 불과하다고 볼 수 있다. 왜냐하면 성령은 그 자신의 자유의 법 외에는 그 어떠한 법에도 종속되어 있지 않기 때문이다. 인간은 성령을 자신의 마음대로 처리하거나 조종할 수 없기 때문이다. 신앙은 하느님의 자유로운 은혜와 신실함 속에서 인간에게 부어지기 때문에 신앙 속에서 성령에 복종해야 한다. 성서의 영으로서 성령은 공동체 내에서 선포와 인식의 힘으로 이해된다. 여기서 성령은 예수 그리스도를 지시하는 '진리의 영'으로 이해된다는 점이다요 14:17; 15:26; 16:13; 요일 4:6. 성령은 "모든 것을 가르치고"요 14:26, "진리를 온전히 깨닫게 해주며"요 16:13 그리고 "진리 가운데로 인도한다"요 16:12f..

여기서 바르트는 종교 개혁자들이 가졌던 성서와 신앙을 성령의 영감 속에서 함께 붙들고 있었다(즉 '오직 성서로만' 그리고 '오직 신앙으로만'). 성령은 '성서의 영'으로서 하느님의 말씀이 현실이 되도록 역사한다고 본 것이다. 우리는 지금까지 '자유의 영'에서 성령의 주격성·신성·초월성을 논했고, '성서의 영'에서는 하느님의 말씀으로서 선포와 성서와 계시가 성령 속에서 각각 구체화되고 의미를 가지게 되며, 참된 인식에 이르게 됨을 말했다. 이제 이어지는 '삶의 영'에서는 '자유의 영', '성서의 영'이 인간의 삶에서 어떻게 나타나는가를 보고자 한다.

(3) 삶의 영

어떻게 이 낯선 이야기가 우리에게 사실로 전달될 수 있을까? 우리는 그리스도의 삶과 죽음과 부활을 보지 못했다. 그가 하느님의 나라를 전파하고, 병자를 고치고 기적을 베풀고, 고난을 당하는 모습을 우리는 보지 못했다. 그것이 사실이라고 제자들이 전하는 소리만 단지 들을 뿐이다. 즉 '관하여über'의 사고만이 있을 뿐이다. 사람들은 '관하여' 말하는 것을 들은 것이다. 그들은 이것을 '진리'라고 '관하여'를 말한다. 이렇게 생각하면 객관적 진리인 예수 그리스도는 우리에게 너무나 멀리 떨어져 있고 낯설다. 연대기적으로 말하면 2,000년이라는 시간이 지난 이야기다.

바르트는 모든 사람이 다 그리스도와 교제를 가지지 않는 것은 성령의 감춘 비밀의 사역에 속한다고 본다. 사도행전 2장에 나오는 오순절 사건은 우리에게 신기하고도 새로운 친근감을 가지게 한다. 각 나라에서 온 외국인들이 예루살렘에 모였을 때 사도들이 말하는 것을 각각 자기 나라의 말로 듣게 되는 놀라운 사건이 벌어진 것이다. 지금까지 전혀 들어보지 못한 하느님의 말씀을 깨닫게 된 것이다. 이것은 '아름다운 이야기', 그 이상이었다. 즉 예수 그리스도가 누구이며, 예수 그리스도가 무엇인지를 깊이 통찰하게 된 것이다. 여기서 우리의 관심은 사도들이 아니라 외국인들의 성령 체험이다. 그들은 예수 그리스도는 '참 하느님', '참 사람'이라는 것을 말하며, 동시에 주님이시며, 구주 되신다는 것을 깨달은 것이다.

누가가 묘사한 오순절 성령강림 사건의 이야기는 공동체 모두에게 성령이 부어졌음을 선포한다. 종말의 영에 의해 수행된 엑스타시적인 찬양은 제자 공동체를 종말론적인 구원의 공동체, 즉 구약성서의 요엘의 예언이 이루어진 것으로 묘사한다^행 _{2:14-21; 욜 3:1-5}. 이리하여 교회는 자신이 종말론적 공동체임을 경험하고 증언하는 일을 시작한다. 다시 말하면 세상을 향하여 나아가는 '디아스포라diaspora'가 되어 예수 그리스도를 전한다. 여기서 성령은 인간의 마음속에 거하여 객관적인 진리인 예수 그리스도를 중심으로 서도록 이끈다. 예수 그리스도가 중심에 서기 시작할 때, 인간의 삶은 비로소 의미를 가지게 된다. 이때 인간은 자유를 얻는다. 그리고 창조적 삶을 산다. 바로 이것이 기적이다. 이러한 점에서 예수 그리스도가 중심에 선 오순절 사건은 매우 친근한 복음의 사건이다. "신학은 아름답다"라는 말은 바로 이 '삶의 영'에서 표현된 성령의 신학을 말한다.

바르트는 그의 주저 『교회 교의학』 서론에서 성령을 계시의 "주관적 현실성과 가능성"이라고 한 반면에, 예수 그리스도를 "계시의 객관적 현실성과 가능성"이라고 서술했다KD, I/2, §13과 §16. 말하자면 성령이 '주관적 진리'라면 예수 그리스도는 '객관적 진리'이다. 그 객관적 진리인 예수 그리스도가 우리와 너무나 먼 '거리'에 있다. 여기서 우리는 바르트가 성령과 예수 그리스도를 표현할 때, 똑같이 "계시의 현실성과 가능성"으로 표시한 것을 주목할 필요가 있다. 그는 성령과 그리스도를 기술하면서 '현실성'을 '가능성' 앞에 기술하고 있는 점이 그의 신학적 독특성이라고 볼 수 있다. 현실성을 우선 강조하는 것은 그의 신학이 성령론적이라는 사실을 입증해 준다. 예수 그리스도의 사건이 성령의 현실성에서 오늘 우리에게 현실이 된다는 말이다. "예수 그리스도는 어제나 오늘이나 또 영원히 변하지 않으시는 분입니다"히 13:8는 말씀은 성령의 현실성에서 그리스도가 우리의 삶의 축을 이루게 한다는 복음의 현재성을 말해준다. 현실성에서 가능성은 약속으로 성취를 이루어 나아간다. 가능성은 아직 현실이 아니다. 인간은 언제나 자기 스스로 가능성을 가지고 살아간다. 그러나 가능성만 있으면 그것은 희랍 신화에 나오는 '판도라 상자'와 같이 무의미한 것으로만 남아 있을 수 있다. 인간의 가능성은 성령과 예수 그리스도의 현실성에서 열매를 맺게 된다.

바르트는 사도 신조의 제3항을 인간과 관련하여 말한다. 제1항이 하느님을 말한다면, 제2항은 하느님-인간을 말하고, 제3항은 인간을 말한다. 즉 성령의 조항인 제3항은 하느님의 행위에 참여하는 인간, 즉 적극적으로 참여하는 인간을 문제 삼는다K. Barth, 1947, 1979, 160. 이러한 바르트의 성령에 대한 이해는 그의 생애 전반에 걸쳐 떨쳐버릴 수가 없었다. 특히 그가 배운 신학 교육(자유주의 신학-체험, 경험, 역사, 가치, 현실성, 윤리 등)은 성령 신학의 주격성을 충분히 담고 있었다. 그는 단지 전쟁을 통해 인간성의 한계 상황을 깨닫게 되었고, 그래서 19세기 주관주의에 빠질까를 염려해서 계시의 객관적인 측면인 예수 그리스도를 강조하여 자신의 신학을 수립해 나갔던 것이다. 그러나 그의 신학은 성령론적인 관심 속에서 전개되었기 때문에 윤리적이며 현실적이었고, 또한 그리스도론적으로 전개되었기 때문에 상황적이 아니라 텍스트적이었다. 그리스도론적 사고가 우리의 삶의 근거를 마련했다면, 성령론적 사고는 그리스도가 우리의 삶의 중심에 있도록 했고, 나아가 예수 그리스도의 뒤를 따르는 '제자직Nachfolge'을 요구하고 있다.

주격Subjekt으로서 성령은 나와 너와 우리가 사는 공동체 속에서 아파하며, 신음하며, 스며들며롬 8:26, 예수 그리스도를 우리의 중심에 있도록 한다. 이때 하느님과 내가 만나 사건을 이루어 나아간다. 아브라함, 이삭, 야곱, 모세, 예레미아, 아모스, 호세아, 바울, 요한, 베드로를 통해서 말한 하느님의 이야기와 '나의 이야기'가 성령의 현실 속에서 하나로 만나 흐른다. 이때 인간은 새롭게 거듭난다. 그리고 그가 체험한 예수 그리스도를 전하게 된다. 2,000년 전에 팔레스타인의 거리를 걸었던 하느님이 오늘 여기서 '진리'를 고백하고 전파하게 된다. 우리는 여기서 "성령론은 삶론이다"는 비약을 하고자 한다. 왜냐하면 성령이 내 안

에, 너 안에, 공동체 안에서 '진리'인 예수 그리스도를 현재화시
킨다고 믿고 있기 때문이다. 그런데 여기에 딜레마가 있다. 나
는 외국인이라는 사실, 즉 객관적 진리인 예수 그리스도에게 접
하기까지는 너무나 먼 간격이 떨어져 있다는 사실이 그것이다.
그리고 나는 생의 최고점에 도달해 있는 것이 아니라 그 반대로
생의 최저점인 죽음이라는 실존 속에서 고통스럽고 걱정스럽고
불안하게 살아간다. 이것이 인간의 운명이다. 이러한 운명은 우
리가 사는 사회 속에서 자주 만나는 경험이다.

2. 성령과 인간의 삶

하이델베르크 교리문답은 "성령과 더불어 우리는 무엇을 믿
는가?"라는 질문에 다음과 같이 대답한다. "성령은 아버지와 아
들과 함께 영원한 하느님이시다. 그 하느님이신 성령이 나에게
도 주어졌다. 이제 성령은 그리스도의 진실한 믿음으로 인도하
고 그리고 그의 선하심에 참여하도록 한다. 뿐만 아니라 그는
나를 위로해 주고 나와 함께 영원까지 머물러 주실 분이다." "성
령이 나에게도 주어졌다"라는 사실을 주목하자 이것은 나에 대
한 성령의 현실성이다. 이것은 '나'로 하여금 이제 하느님의 영

이 거한 '나'임을 확인하게 된다. 성령은 '나를 위해서für mich' 그리고 '나 안에서in mir' 거한다.

인간은 누구나가 '나'는 나만이 가지고 있는 이야기story가 있다. 그것은 어느 누구도 바로 설명하거나 알 수 없는 고유한 '나의 이야기my story'이다. 동시에 성서에서 보여 준 '하느님의 이야기', 즉 성서의 이야기가 있다. 이 두 이야기들이 성령의 현재 속에서 합류된다. 나의 이야기와 하느님의 이야기가 마주치는 거기서부터 삶은 실천으로 옮겨간다. 우리는 그것을 영성의 삶이라고 부를 수 있다. 그것은 성령의 현실성 속에 있는 '나'의 모습이다. 이러한 '나'는 나 혼자 머물 수 없고 언제나 '너'와의 만남을 형성한다. 나아가 나, 나, 나, 나 … '나'들이 모여서 하나의 공동체를 이룬다.

하느님은 성령으로 인간 안에 거한다요 14:16-17. 성령은 복음의 내용인 예수 그리스도를 바라보게 함으로써 우리 인식의 출발점을 만들어 준다요 14:26. 그리고 성령은 공동체를 세운다. 오순절 다락방 사건은 공동체가 성령 안에서 서로 소통한 사건을 보여준다. 이와 같이 성령은 '우리를 위해서für uns'뿐만 아니라 '우리 안에서in uns' 역사한다. 우리는 성령의 거함 속에서 기도할 수 있고 찬양할 수 있고 예배드릴 수 있게 된다. 이것이 바로 '주님과의 만남'이다. 이러한 만남이 구체적인 삶의 자리에서 , 즉 세상에서 이루어지도록 한다.

이와 같이 하느님의 현실성, 즉 성령의 현실성은 세상과 하느님을 인간의 대화의 파트너로 만든다. 성령의 현실은 나와 공동체 속에서 삶의 형태로 나타난다.

바르트는 "개인적 실존은 도둑놈 실존이다Privatexistens ist Raüberexistens"라고 했는데, 바로 그것은 그리스도의 공동체를 염두에 두고 한 말이다. 각 개인은 언제나 공동체 속에서 그 영향력을 드러내야 한다는 말이다. 하느님의 영은 교회의 실존의 근거를 제공하며, 교회가 그리스도의 생명에 거하게 한다. 교회는 그리스도의 몸이기 때문이다. 그리스도의 몸을 이루는 교회는 유기적 공동체로서 각자의 성령의 은사를 발휘해 건강한 공동체를 형성한다. 이제 이 성령 공동체는 세상을 향한 빛과 희망과 생명이 된다. 이러한 의미에서 교회를 "성령의 피조물"이라고 할 수 있다. 교회는 공동체를 구성한 "하느님의 백성들"이다. 현실의 교회는 인간들의 교회일 뿐만 아니라, 죄인들의 교회다. 그러나 그 교회는 성령 아래 존재한다H. Küng, 1967, 2007, 241f..

여기서 성령과 교회의 차이를 인식하는 것은 중요하다. 교회는 피조물이라는 사실이다. 성령과 교회의 차이가 인식될 때, 성령 안에서 하느님의 말씀에 귀 기울이며, 성령에 복종하게 된다. 제2차 바티칸 공의 이전에 로마 가톨릭 교회가 다른 자로 하여금 오직 자기 자신에게만 귀를 기울이고 복종하게 했을 때, 그것은 교회의 절대주의를 말하는 것이었다. 이러한 교회는 진리를 소유하여 결국 소통하지 못하게 하는 우를 범한 것이다. 따라서 성령과 교회의 차이를 바로 인식하는 것은 교회의 인간적인 측면, 즉 "죄인의 공동체"를 진지하게 받아들인다. 이러한 교회는 겸손히 현실을 직시하는 가운데 새로운 용서에 대한 희망을 갖는다. 교회가 죄 많은 인간들로 구성되어 있는 한, 교회가 인간의 제약성과 죄악 속에서 추악해지는 한, 교회는 하느님의 은혜 속에서 계속해서 예수 그리스도의 복음에 따라 자신을 개혁해 나아가야 한다. 성령의 역사 속에서 "교회는 항상 개혁되어야 한다ecclesia semper reformanda." 그때 비로소 교회는 그리스도의 은혜로 "성령의 능력 속에 있는 공동체"가 된다.

바르트는 자신의 『교회 교의학』제IV부 1-3권에서 교회론을 '성령론적pneumatologisch', 그리고 '윤리적ethisch'으로 다룬다. 그에 의하면 교회는 '성령의 오심Das kommen des Geistes'에서 '모이는 것 Versammlung'과 '교화시키는 것Erbauung'과 '파견시키는 것Sendung'을 통하여 이루어진다. 즉 교회는 성령 안에서 ① 모여서, ② 교화되어, ③ 나간다. 성령은 모이게 하고 교화시키고 파견시킨다. 이렇게 교회와 크리스천의 삶은 성령의 현실성Wirklichkeit에 달려 있다.

우리가 교회를 정의할 때 오순절 이후로 삼는 까닭은 누가 기자에 따른 사도행전의 기도에 의한 것인데, 바르트에 의하면 신학적 의미를 가진다. 뿔뿔이 흩어졌던 제자들이 다시 '모인 것'은 부활 사건이 그의 가슴 속에 임했을 때이다. 이들은 예수가 그리스도인 것을 고백한 자들이다. 이것은 연대기적으로 볼 때 부활 후 오순절 전에 일어난 사건이다. 그러나 모이고, 교화된 무리를 신학적으로 아직 교회라고 하지 않는다. 그것은 단지 모인 기독교인들의 무리일 뿐이다. 그런데 오순절에 이르러 이들은 달라졌다. 오순절 이전에 두려워 잠갔던 문을 열고 세상으로 파견된다. 이 파견의 성격을 가진 기독교인의 모임을 바르트는 교회Gemeinde라고 했다KD IV/3, 83. 성령은 오순절 이전에는 ① 모이고, ② 교화시키고, ③ 오순절 이후에는 파견시킨다. 교회의 탄생을 '파견'시키는 교회를 두고 있다는 의미에서 교회의 특성을 말한다.

물론 여기서도 이 삼위일체론적인 그의 신학의 골격은 변하지 않는다. 파견은 근원적으로 보면 우선 삼위일체 하느님에 의해서, 자세하게 말하면 ① 아버지는 아들을 세상에 보내고성육신: Fleischwerdung, ② 아버지와 아들을 성령을 발현시킨다Filioque. ③ 성령은 이제 그리스도인들의 모임 위에 쏟아 부어진다. ④ 그 모임인 교회는 성령을 통해서 세상에 봉사할 능력이 주어진다 Choi, Jong-Ho, 1987, 229.

파견Sendung을 근원적으로 파악하여 도식적으로 나타내면 다음과 같다.

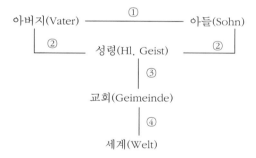

이 점에서 바르트는 "교회 밖에는 구원이 없다"는 복음적 전통을 따른다. 단지 바르트가 배격한 것은 가톨릭교회에서 주장하는 교회 절대주의나 교회와 세상과의 조화를 말한 자유주의 신

학적 교회였다. 바르트는 교회와 세상의 경계선에서 세속주의를 말하고, 그리고 거기서 교회가 어떻게 행동할 것인가를 생각해야 한다고 했다. 하느님이 모퉁이로 밀려나는 현대 상황 속에서 교회는 어떤 태도를 취해야 하는가? 여기서 바르트는 자기부정과 십자가와 이 세상을 넘어서의 삶을 향한 결정, 즉 그리스도인의 자유, 그리스도의 모방, 제자직Nachfolge을 지시한다. 따라서 바르트는 복종 없는 신앙이나, 신앙 없는 복종은 '싸구려 은혜'나 착각적인 '행동주의'를 야기한다고 경고한다. 그러므로 바르트에게서 윤리는 기독교인으로 가는 과정에서 나타난다. 바르게 말한다면 그리스도인이란 없다. 단지 그리스도인이 되는 영원한 기회가 있을 뿐이다.

어떻게 성령을 체험할 수 있는가? 그것은 바로 죽는 일밖에 없다. 철저하게 죽을 때, 우리의 시간이 정지되고, 하느님의 시간이 태동한다. 즉 이때 하느님의 가족인 '새로운 공동체'가 탄생된다. 죽음과 부활, 죽음과 생명, 시간과 영원의 교차가 생명의 능력 속에서 인간에게 임한다. 다시 말해서 "나는 아무것도 아니다", "나는 거지이다"라는 탄식에서 성령은 함께 탄식하며, 스며들고 감싸기 시작한다. 이러한 탄식의 상황에서 "성령이여 오시옵소서!" 하고 기도를 드린다. 성령이 임하면 인간은 새로운

'패러다임'을 가지게 된다. 인간의 삶은 이미 기적으로 새로운 전환을 하고 있다. 이제까지 죄라고 말했던 것이 용서의 삶이 되고, 운명이라고 말했던 삶을 하느님의 섭리라고 말하며, 죽음이라 말했는데 이제는 영원한 생명을 말하게 된다. 이제껏 인간의 재간과 지혜라고 하던 것을 이제 생명의 근원이신 하느님의 말씀이라 말하게 된다. 이처럼 '삶의 영'을 말하는 성령의 신학은 참으로 아름답다.

3. 대화의 영으로서 성령

앞에서 지적한 바대로 바르트의 신학 사상은 그에게 주어진 삶과 함께 강조점이 변한다. 바르트의 성령론도 시기에 따라 그의 영에 대한 이해가 강조점이 다르다. 제1시기가 '영의 시기'로서 문화 속에 하느님의 영이 갇혀 있게 되는 시기로 이해되었다면, 제2시기는 하느님의 영과 인간의 영의 구별을 말함으로써 혼돈을 막아주는 시기였다. 또한 제3시기는 성령이 투쟁의 영과 항거의 영으로서 '고백 교회'와 '바르멘 선언'을 태동하게 하는 시기였으며, 제4시기는 '성령의 시기'로서 모든 인간학적으로 출발한 신학들을 성령의 신학 아래서 수렴하여 열매를 맺게 된다는 것을 말하는 시기였다.

특별히 바르트의 후기 사상에 나타난 성령론적 이해를 본다면, 바르트는 문화 일반과 다른 종교와의 대화 문제에 대해서도 그렇게 폐쇄적이지 않았다고 본다. 그가 슐라이어마허를 비판했던 것은 언제나 그의 신학의 애매성, 즉 하느님과 인간의 구별이 혼동되는 것 같은 때였다. 그가 브루너와 불트만 등을 비판했던 것도 같은 맥락에서 보아야 한다. 이들은 신학이 인간의 감정이나 인간의 실존에서 출발한 나머지 바른 성령론에 달지 못했다고 본 것이다.

바르트의 신학은 1960년대 이후에 나타난 세속화 신학, 희망의 신학, 정치 신학, 해방 신학과 맥을 같이한다. 따라서 그의 신학은 한국 교회와 신학계에서 적어도 두 가지 측면에서 이해되고 비판된다.

첫째, 바르트의 신학은 칼뱅주의적 정통주의에 대항해 왔다. 정통주의가 교회의 교권과 권위 아래서 일정한 교리와 신조로 만들어진 신학을 주입식으로 가르치고 있었을 때, 바르트 신학은 이러한 타율적 권위주의와 교리주의에 대한 해방을 말하는 신학의 '자유성'을 말해 왔다. 이 점에서 보수주의를 표방하는 교회와 신학은 못마땅하게 생각했다.

둘째, 바르트 신학은 20세기 후반에 나타난 여러 가지 실존적 상황의 문제 앞에서 소극적으로 이해되기 시작했다. 말하자면 오늘날 일어나고 있는 여러 가지 문제에 대한 신학적 성찰로서 세속화 신학, 신 죽음의 신학, 해방 신학, 민중 신학, 제3세계 신학, 여성 신학, 통일 신학, 생태계 신학, 종교 다원주의 신학 등을 말하는, 일명 '상황 신학'에서 바르트 신학은 '텍스트 신학'으로 비판을 받아왔다는 점이다.

우선 보수주의 신학과 바르트 신학의 분열의 초점은 성서에 대한 신학적 해석에 있었고, 신학적 논쟁으로는 성서의 영감설에 있었다. 정통주의가 문자영감을 강조하여 성서 '문자영감론'을 주장하고 '성서주의'를 주장했다면, 바르트는 성서를 강조하는 '성서' 문자 영감론을 말하면서 하느님의 말씀에 대한 이해를 새롭게 했던 것이다. 전자가 성서 자체의 문자에 얽매여 기계적 영감설을 생각했을 때, 후자는 성서가 말하는 그 사실과 함께 이것이 '오늘 우리에게 무엇을 의미하는가'(선포)를 생각한 것이다. 따라서 이러한 바르트의 성서 영감설은 한국의 보수주의 신학에 '자유주의적'인 성격으로 이해되었다. 그러나 사실은 교회와 교리를 강조하는 기계적 문자주의라는 틀에서부터 해방을 말하는 '자유'를 부여했다고 볼 수 있다.

또한 바르트의 성령의 이해는 그의 삶과 유리되어서 생각되지 않았다. 왜냐하면 그는 결코 '신학'과 '삶'을 분리시키지 않았기 때문이다. 그의 성령의 신학은 바로 그의 삶에서 적용되고 구체화되었다. 예를 들면, 바르트가 '하느님과 인간의 무한한 질적인 구별'을 강조했던 그 상황은 그가 경험한 제1차 세계대전에서 인간성 자체가 문제로 드러났을 때였다. 그런데 이것을 보고 그를 '초월주의자'라고 몰아버릴 수 있을까? 또한 그가 예수 그리스도를 강조하기 시작했을 때, 사람들은 그를 '계시 실증주의자'라고 했다.

그러나 예수 그리스도가 그의 신학 전체의 내용이 된다는 말이 '상황 신학'에서 관심을 가진 문제들을 도외시하는 것일까? 그의 신학은 철저하게 하느님 말씀을 강조한 텍스트 중심이지만 이 땅의 삶을 소홀히 하지 않았다. 이러한 바르트의 삶 중심의 신학은 한국 교회와 신학계에서 정통주의라고 일컬어지는 보수주의로부터 '자유주의 신학'이라는 비판을 들어왔고, 1970년대 출발한 민중 신학에서는 '신정통주의' 혹은 '신보수주의'로 여겨졌으며, 더욱이 '종교 다원주의'를 말하는 '토착화 신학'의 입장에서는 문화와 자연과의 단절을 말하는, 단지 '계시 실증주의자' 정도로 취급받았다. 즉 신학적 인식론, 혹은 인간성의 가장 원초적 체험이라고 할 수 있는 종교 및 그것을 기초한 일반을 부정하는 신학으로 소개되었던 것이다.

그러나 사실 바르트가 처한 '삶의 자리'에서 본다면 바르트 신학은 한국 교회의 신학 형성을 위해 중요한 자리를 차지할 것이다. 왜냐하면 그의 신학이 변하는 '상황'에 기초를 두지 않고, 오히려 살아 있는 '하느님의 말씀'에 강조점을 두고 있기 때문이다. 특히 오늘날 보수주의 신학이 영적 구원을 강조하고 육적 구원을 소홀히 하고 있을 때, 바르트의 성령론은 영적 구원이 어떤 식으로 표현되는가를 보여주고 있다. 또한 오늘날 상황 신학이 우리의 상황을 분석하고 잘못을 지적했다면 바르트의 성령론은 오늘날 문제시되고 있는 '탈현대주의post-modernism'에 대안을 제시할 수 있는 신학이라고 본다. 왜냐하면 바르트는 그의 신학을 예수 그리스도 중심적으로 전개해 나갔지만, 이것이 단순히 교리적이며 형식적인 틀에서 된 것이 아니라, 성령 즉 계시의 현실성에서 다루고 있기 때문이다. 그의 신학적 통찰은 앞에서 제시한 문제들 ―영적 문제와 육적 문제― 을 내용적으로 연결시켜 줄 것이다. 우리는 이러한 그의 신학적 입장을 '그리스도론적' 성령론, 혹은 '성령론적' 그리스도론이라고 말할 수 있다.

여기서 우리는 이제 다음과 같은 결론을 내릴 수 있을 것 같다. '성령'과 '삶', 이 관계는 분리시킬 수 없는 관계이다. 따라서 오늘 우리의 삶 속에 일어나는 여러 가지 문제를 성령론은 지나치지 않고 그것에 적극적으로 개입한다. 따라서 '성령론은 삶론이요', '성령론'은 '대화의 신학'이어야 하는 것이다.

III. 종말론

바르트는 종말론이라는 주제를 따로 정하여 쓰지 않았다. 하지만 그의 종말론적인 사고는 그의 교의학 전체에서 특히 IV/1, 2, 3권 '화해론'에서 충분히 찾아볼 수 있다. 우선 종말에 대한 성서적 고찰과 죽음과 종말, 하느님 나라와 종말을 다루면서 바르트의 종말이해를 보도록 하고자 한다.

1. 종말에 대한 성서적 고찰

성서에서 종말을 말하는 표현들은 대체로 그리스도의 재림과 대 환난마 24장, 행 1:11, 살전 5:1-3, 천년 왕국계 20:1-6, 휴거마 25:1-13; 행 1:11; 고전 15:51-52; 살전 4:16-17; 4:14; 3:13; 계 4:10-11; 19:7-8; 슥 14:4, 하느님

나라마 4:17=막 1:14; 마 5:3=눅 6:20; 마 13:31-32=막 4:30-32=눅 13:18-19; 마 13:33=눅 13:20-21; 마 13:44-51 등의 주제와 관련 속에서 다루어진다. 이러한 주제들은 개별적으로 다룰 수 없고 언제나 종말론이란 한 주제 속에서 다루어질 때 의미를 가진다. 특히 하느님 나라의 주제는 다음 장의 '역사와 종말'에서 자세히 다루기로 하고, 여기서는 단지 주님의 재림에 관련된 것만을 다루고자 한다.

성서는 우리에게 주님의 재림에 대해 상징적 표현을 제공해 주고 있는데, 그것은 다음과 같은 세 가지 표현으로 요약될 수 있다.

첫째, 임박한 주님의 재림을 말하고 있다. 천사들은 예수의 승천 광경을 멍하게 바라보는 사람들에게, "너희 곁을 떠나 승천하신 저 예수께서는 너희가 보는 앞에서 하늘로 올라가시던 그 모양으로 다시 오실 것이다"행 1:11라고 한다공중 재림: 살전 4:13-18; 막 16:62. 요한은 예수의 재림을 이렇게 묘사한다. "그분은 구름을 타고 오십니다. 모든 눈이 그를 볼 것이며 그분을 찌른 자들도 볼 것입니다. 땅 위에서는 모든 민족이 그분 때문에 가슴을 칠 것입니다. 꼭 그렇게 될 것입니다. 아멘"계 1:7. 이와 같이 누가나 요한에 의하면 모두가 주님의 재림을 말하고 있지만, 주님이 '언제' 오실 것인가에 대해서는 아무 말이 없다. 그러나 그분의 재림은 믿는 자뿐만 아니라 모든 사람들에게 영향을 끼치게 된다. 그것은 곧 심판을 의미하기 때문이다. 주님의 재림에 대한 확신은 예수께서 "내가 곧 가겠다"고 말씀하실 때, 우리는 "아멘. 오소서. 주, 예수여!"계 22:20라는 응답 속에서 보여준다.

둘째, 주님의 재림의 시기는 아무도 알 수 없다. 성서에서 재림의 시기에 대해서 말하고 있고빌 4:5; 약 5:8, 바울은 주님의 재림이 언제인지는 알 수 없지만 피할 수 없이 꼭 온다는 사실을 다음과 같이 표현하고 있다. "주님의 날이 마치 밤중의 도둑같이 온다는 것을 여러분이 잘 알고 있기 때문입니다. 사람들이 태평세월을 노래하고 있을 때에 갑자기 멸망이 그들에게 들이닥칠 것입니다. 그것은 마치 해산할 여자가 닥치는 진통과 같아서 결코 피할 도리가 없습니다"살전 5:1-3. 공관 복음서에서는 보다 직접적으로 주님의 재림의 날을 알 수 없다고 명백히 하고 있다. "그러나 그 날과 그 시간은 아무도 모른다. 하늘에 있는 천사들도 모르고 아들도 모르고 오직 아버지만이 아신다"막 14:32. 사도행전에서도 주님의 재림의 때는 인간이 헤아릴 수 없고 하느님께서 정한 것으로 하고 있다. "그 때와 시기는 아버지께서 당신의 권능으로 결정하셨으니 너희가 알 바 아니다"행 1:7.

셋째, 주님의 재림의 때와 시간은 알 수 없지만 그분이 꼭 오시기에 신도들은 매 순간 주의하고 깨어 있어야 한다는 것을 강조한다. "이렇게 너희의 주인이 언제 올지 모르니 깨어 있어라. 만일 도둑이 밤 몇 시에 올는지 집주인이 알고 있다면 그는 깨어 있으면서 도둑이 뚫고 들어오지 못하게 할 것이다. 사람의 아들들도 너희가 생각지도 않을 때에 올 것이다. 그러니 너희는 늘 준비하고 있어라"마 24:42-44.

종말에는 거짓 그리스도와 거짓 예언자들이 나타나 기적과 이상한 일을 보여주면서 신도들을 미혹하게 될 수 있기 때문에 조심하라는 권고를 한다. "아무에게도 속지 않도록 조심하여라. 장차 많은 사람이 내 이름을 내세우며 나타나서 '내가 그리스도다!' 하고 떠들어대면서 수많은 사람들을 속일 것이다. … 한 민족이 일어나 딴 민족을 치고, 한 나라가 일어나 딴 나라를 칠 것이며, 또 곳곳에서 기근과 지진이 일어날 터인데, … 또 너희는 나 때문에 온 세상 사람들에게 미움을 받을 것이다. … 또 세상은 무법천지가 되어 사람들의 마음속에서 따뜻한 사랑을 찾아볼 수 없게 될 것이다"마 24:4-13.

주님의 재림과 더불어 '세계의 종말'에 관한 메시지는 신약 성서 곳곳에 있다. 바울은 "밤이 거의 새어 낮이 가까웠습니다"롬 13:12. 베드로서 기자는 "세상의 종말이 가까이 왔으니"벧전 4:7라고 쓰고 있고, 계시록의 저자도 여러 차례에 걸쳐 "그때가 가까이 왔으니"계 22:10; 1:3라고 쓰고 있으며, 히브리서 기자도 "그날이 가까와 오는 것을"히 10:25이라고 쓰고 있고, 야고보서 선생도 "주께서 오실 날이 가까웠습니다"약 5:8라고 쓰고 있다.

이러한 종말론의 메시지는 다가오는 세상에 대한 준비를 요구하고 있다. 정리하면 성서에서 보여주는 종말론은 마지막 날이 언제인지는 알 수 없지만, 마지막을 준비하면서 "주의하라, 깨어 있으라"라는 교훈이다. 이 말은 우리의 전체 삶이 반드시 언젠가는 주님 앞에서 평가를 받고, 이 평가에 의해 우리의 운명이 정해진다는 것을 내포하는 말이다. 따라서 기독교의 종말론은 그리스도인들의 삶과 윤리의 뿌리인 셈이다.

우리는 여기서 종말에 대한 시간적 이해를 다시 한 번 살펴보자. 초대교인들은 장차 올 인자의 날, 즉 메시야의 재림을 기다리고 있었다. 당시 이스라엘 백성들은 하느님 나라의 도래를 첫째, 다윗 왕조의 기적적인 재건, 둘째, 세계의 종말과 더불어 오는 우주적인 사건, 마지막으로 메시야(인자)가 오는 사건으로 이해했다. 이러한 메시아에 대한 신뢰는 구약 성서의 묵시 문학, 즉 예언서들의 영향을 받아 더욱 확실해졌다. 예를 들면 이사야서, 요엘서, 말라기서, 스가랴서, 다니엘서 등은 어려운 현실, 특히 로마의 박해로부터 미래의 하느님이 다스릴 새 세계를 꿈꾸게 했다. 그중에서 다니엘서 2장에 나타난 '종말'의 이해를 살펴보면 느부갓네살은 꿈을 꾸었는데, 그가 꿈에 본 것은 머리는 순금이요, 가슴과 두 팔은 은이요, 배와 두 넓적다리는 놋쇠요, 정강이는 쇠요, 발은 쇠와 흙으로 만들어진 사람 모양의 신상이었다. 이와 같은 상징은 바벨론 제국(금), 바사 제국(은), 마게도냐 제국(동), 로마 제국(철)의 시대로 점점 퇴화되어 결국 종국에 이르는 것으로 세상 나라의 종말을 말하고 있는 것이었다.

이는 당시 이스라엘도 시리아 제국의 침략을 받았으며 황제의 무서운 탄압 아래 있었지만, 결국 이스라엘을 학대해 온 역대의 제국들과 제왕들도 망한다는 것을 나타낸다. 예언자들은 제국과 왕들의 만행이 인간의 행동처럼 보이지 않았기 때문에 제국과 왕들을 네 독수리 날개를 가진 짐승들로 보았다단 7:2 이하. 예언자들은 그러한 짐승과 같은 황제들의 횡포도 끝나고, 결국 그들의 강한 제국도 곧 무너진다고 본 것이다. 다니엘서의 종말의 날이란 우주의 종말을 말하는 말세를 뜻하는 것이 아니라, 독재자와 그들이 다스리는 제국의 종말을 가져온다는 뜻이다. 즉, 옛 시대가 끝나고 새 시대가 온다는 긍정적인 종말 의식을 말한다. 그것은 "지극히 높으신 하느님께서 오셔서 재판을 하시고 당신을 섬기는 거룩한 백성의 권리를"단 7:22 되찾아주는 때가 오고 있다는 말이다. 이와 같이 초기 그리스도인들은 구약 성서에 나오는 묵시 문학적 종말 사상을 이어받아 '인자의 날'을 주님의 재림의 날로 고대하고 있었다.

그러나 초기 교인들에게 있어서 종말에 대한 또 다른 기대는 모든 자연적인 성장에 있어서 그 끝은 고갈되고 소멸되어 버린다는 종말론적 관념이었다. 앞으로 올 파국은 인간성이 퇴화되고 타락하는 것은 물론 우주의 마지막인 천체의 파멸이 있을 것이라고 보았다. "그 재난이 다 지나면 해는 어두워지고 달은 빛을 잃고 별들은 하늘에서 떨어지며 모든 천체가 흔들릴 것이다"막 13:24-25.

계시록에는 마지막 날에 하늘과 땅에 기이한 일이 나타난다고 했다. 나팔을 가진 일곱 천사가 나팔을 불었을 때 "우박과 불덩어리가 피범벅 되어서 땅에 던져져 땅의 삼분의 일"이 타서 나무와 풀이 없이 지구가 황폐되고, 바다도 불에 타서 물고기 등 바다의 생물이 삼분의 일이 죽으며, 태양도 빛을 잃고, 불과 유황과 연기의 재앙 때문에 세상 사람들의 삼분의 일이 죽는다고 기록하고 있다계 8:6-9:21. 이러한 기록은 마지막 날에 마치 우주 전체가 파멸되어 파국을 이루는 것 같은 느낌을 준다. 이와 같이 성서에 나오는 종말의 관점은 우리가 객관적으로 설명하거나 표현할 수 없는 상징으로 되어 있기 때문에 상징의 중개를 통해서만 이해할 수 있는 현실이다. 이러한 상징에 대한 표현들은 문자 주의적이거나 개인주의적으로 또는 현재주의적이거나 미래적인 것으로 내맡겨 버려서는 안 된다. 이제 다음 이어지는 두 장에서 종말론의 두 차원을 살펴보자.

2. 죽음과 종말

창조론의 관점에서 보면 우리의 역사는 시작이 있고, 또한 종말이 있다. 선지자 이사야는 마치 이교도들이 생각하듯이 인간 역사의 한계성과 종말을 이렇게 표현한다. "모든 인생은 한낱 풀포기, 그 영화는 들에 핀 꽃과 같다! 풀은 시들고 꽃은 진다. 스쳐가는 야훼의 입김에 백성이란 실로 풀과 같은 존재이다"사 40:6-7.

인간은 시간적 존재이다. 즉, 인간은 언젠가 죽어야 하는 한정된 삶을 살고 있다. 도대체 죽음이란 무엇인가? 인간은 왜 죽는가? 죽음은 어디서부터 오는 것인가? 죽음 후의 세계는 무엇이 오며 어떻게 되는 것인가? 이러한 시간 안에 제약된 인간의 삶,

즉 죽음의 질문을 받게 될 때, 우리는 이러한 질문 앞에서 자신의 무력함을 나타낼 수밖에 없다. 이에 대해 성서는 매우 가시적으로 묘사한다.

우선, '낙원'에 대한 묘사이다. 예수께서 골고다 십자가상에서 고통당할 때 예수에게 자비를 청하는 강도를 향하여 "오늘 네가 정녕 나와 함께 낙원에 들어가게 될 것이다"눅 24:43. 예수께서 말한 '낙원'은 일반적으로 '에덴동산과 같이 행복한 장소', '주님께서 재림하실 때 주님 앞에 생명의 부활로 나설 때 대기하는 장소'로 말해진다. 즉 믿음으로 구원을 받은 자들이 가는 곳이 낙원이요, 천국이라는 말이다김동익, 1991, 7.

다음으로, 지옥에 관한 묘사이다. 믿지 않고 구원을 받지 아니한 사람이 가는 곳이 음부, 즉 지옥이다. 누가 복음 16장에 나오는 부자와 거지 라사로의 이야기에서 "천국과 지옥의 대화", 즉 죽은 자들의 대화를 읽을 수 있다. 세상에서 자기 혼자만을 위해 살다가 죽은 부자의 처지를 이렇게 말한다. "부자가 죽음의 세계에서 고통을 받다가 … 그 손가락으로 물을 찍어 제 혀를 축이게 해 주십시오. 저는 이 불꽃 속에서 심한 고통을 받고 있습니다"눅 16:23-25. 부자는 지금 지옥에서 과거 지상에서의 삶을 후회하며 자기 형제들을 생각한다. "저에게는 다섯 형제가 있는데 그를 보내어 그들만이라도 이 고통스러운 곳에 오지 않도록 경고해 주십시오"눅 16:28라고 한다.

우리는 위에서 인용한 성서의 구절에서 종말과 죽음에 대해서 생각해 볼 수가 있다. 인간의 죽음은 한 개인에게 있어서 종말을 의미한다. 통계에 의하면 전 세계의 인구가 약 50억 명에 달한다고 한다. 그중에 1년에 약 300만 명이 죽어간다. 즉, 1시간에 7,200명가량이 죽어간다김동익, 1991,7. 그 숫자에 언젠가 내 자신이 포함되는 날이 올 것이다.

하이데거가 이를 이렇게 표현한다. "죽음이란 인간을 방문하는 사건이 아니라, 인간이 태어날 때부터 한평생 동행하고 있는 것이다. 따라서 인간은 죽음을 눈앞에 똑바로 응시하고 살아야 한다"김동익, 1991, 7. 따라서 죽음과 관련해서 생각해 볼 때 인간 한 개인의 종말은 언젠가 필연적으로 오게 된다. 그러면 한평생 동안 죽음이란 종말과 동행하며 살아가는 우리는 그 종말에 직면할 때 어떠한 태도를 취할 수 있겠는가?

미국의 정신과 의사인 모리스 롤링스Maurice Rawlings에 의하면 어느 날 갑자기 의사 진단의 결과가 암이나 중병으로 얼마 있으면 죽을 수밖에 없다는 시한부 삶을 환자에게 이야기했을 때 거기에 따르는 반응이 다음과 같이 다섯 단계로 나타남을 밝혔다김동익, 1991, 4f. .

첫째, 자기의 병을 부인한다. '의사 선생님의 오진이 아니면 엑스레이가 잘못된 것이겠지' 하며 죽음을 받아들이지 않는다.

둘째, 화를 낸다. 왜 하필 내가 이런 병에 걸렸는가? '왜 내가 죽어야 하는가' 하며 하느님을 원망하고 가족을 원망한다.

셋째, 타협한다. 이제 어느 정도 죽음을 예감하면서 하느님께 매달리기도 한다. 하느님께서 이번에 살려 주시면 제게 있는 재물과 제 재능을 다 동원해서 하느님께 헌신하고 나의 가족과 사회와 이웃에 봉사하면서 살겠다고 조건부 타협이나 맹세를 하게 된다.

넷째, 우울증에 빠지게 된다. 말도 잘 하지 않고 어떤 우수에 젖은 나머지 침묵을 지키게 된다.

다섯째, 마지막으로 죽음을 수용하는 순종의 단계가 온다. 결국 죽음을 받아들인다.

이와 같이 인간이 자신의 생의 종말에 직면했을 때, 한없이 갈등을 하다가 결국 종말을 받아들이게 된다. 인간은 사실 누구나 시한부의 생을 살고 있다. 지금이 '끝이다'라고 인식하고 사는 것을 종말론적 삶이라고 한다면 '끝이다'는 조건이 주어졌을 때, 인간에게 나타나는 새로운 모습을 위의 심리적 반응 속에서 찾아낼 수 있다. 특별히 세 번째 심리적 반응은 인간에게 수직적인 삶과 수평적인 삶을 함께 말해주는 중요한 종말론의 윤리관을 보여준다. 오늘 하느님께서 살려주면 믿음의 생활을 살 것이며 이웃과 더불어 공동체를 이루며 살겠다는 다짐은 종말의 빛에서만 경험할 수 있고 체험할 수 있는 윤리관이다. '끝'을 체험하지 않고는 이러한 진실한 고백이 나올 수가 없기 때문이다. 부자와 거지 라사로의 이야기도 이러한 맥락에서 이해할 수 있을 것이다. 땅에서 이웃과 더불어 삶을 소홀히 한 부자가 종말론적으로 살았다면, 즉 '끝이다'라는 인식 속에서 살았다면 그는 혼자만이 아니라 이웃과 더불어 사는 공동체의 참된 일원이 되었을 것이다.

다음으로 다섯 번째 지적한 죽음의 수용 문제이다. 인간은 죽는다. 죽음은 외면하거나 다른 사람의 것으로 넘겨버릴 수 없다. 오히려 죽음을 똑바로 응시하고 죽음을 기다리는 사람은 현명한 사람이다. 이렇게 죽음을 응시하고 사는 사람은 참으로 종말론적 삶을 살 수 있을 것이다. 왜냐하면 죽음으로서 종말은 소유와 집착과 아집으로 얼룩진 기존의 세계상을 뒤흔들어 놓고 새 삶new life을 살 수 있는 '새로운 삶의 스타일new life style'을 마련해 주고 있기 때문이다. 바울이 하느님의 나라를 성령 안에서 이루어지는 의와 평화와 기쁨이라고롬 14:17 해석했듯이 종말론적 삶의 의미는 새 시대, 새 세계의 태동 속에서 낡은 시대, 낡은 가치관이 사라지는 것을 말한다. 이것은 "누구든지 그리스도를 믿으면 새 사람이 됩니다. 낡은 것은 사라지고 새 것이 나타났습니다"고후 5:17라는 바울의 선언과도 같다.

따라서 종말을 사는 한 개인은 이제 더 이상 노예가 아니라, 자유로운 자이다. 바로 이 자유한 자를 '하느님의 자녀'라고 할 수 있다갈 4:6f.. 예수 그리스도 안에서 그를 믿는 자에게 이미 결정적인 사건은 일어났다. 믿는 자는 이미 현재에서 모든 운명을 극복한 자유인이다. 바로 그것이 '종말' 속에서 산다는 말이다. 바울의 다음과 같은 표현은 종말론적 삶을 가졌을 때의 고백이라고 할 수 있다. "누가 감히 우리를 그리스도의 사랑에서 떼어놓을 수 있습니까? … 칼입니까?"롬 8:35-39

다시 부자와 거지 라사로의 이야기를 언급하자. 죽은 후 부자가 지상에서의 삶을 뉘우치고 선교적인 부탁과 경고를 하도록 한 것은 바로 종말을 체험한 부자의 회개이지만, 무엇보다도 그의 지상적 삶이 중요하다. 왜냐하면 종말론은 죽음 후의 세계를 문제 삼지 않고 지금 살고 있는 지상의 삶을 문제 삼기 때문이다. "얘야, 너는 살아 있는 동안에 온갖 복을 누렸지만 라사로는 불행이란 불행을 다 겪지 않았느냐? 그래서 지금 그는 여기에서 위안을 받고 너는 거기에서 고통을 받는 것이다"눅 17:25. 이것은 종말과 지상의 윤리의 삶에 대한 구체적인 성서 구절이다. 이것은 지금 여기서의 삶에서 강도를 만난 이웃을 보도록 한다. 즉, 이웃이 없는 사람은 지옥에 간다. 부자가 지옥에 갔다는 것은 내 이웃을 위한 삶이 없었다는 데 기인한다. 즉, 종말론적 삶이 결여되었을 때의 모습이 어떠한가를 부자와 라사로의 이야기, 즉 '죽은 사람들의 대화' 속에서 보여준다.

우리는 지금까지 종말의 삶, 즉 기독교적 윤리를 종말의 빛에서 생각했다. 정리하면 종말의 삶은 현재하는 시간을 기점으로 하여 과거와 미래를 꿰뚫고 있다고 볼 수 있을 것이다. 이것은 요한이 표현한 대로 "지금도 계시고 전에도 계셨고 장차 오실 전능하신 주 하느님께서 '나는 알파요 오메가이다'계 1:8라는 말씀 중에서 우선 하느님의 현재가 먼저 언급되고 있는 것을 주목할 필요가 있다. 예수 그리스도의 구체적 사건은 하느님의 현재로서 우리의 시간, 즉 현재 · 과거 · 미래의 축이 되고 있다KD III /2, 561f.. 따라서 종말론적 희망은 부활하신 예수의 현재에서 드러나며 바로 이것은 우리에게 희망이 되고 은혜로운 시간이 된다.

칼 바르트는 우리의 한정된 시간, 즉 끝이 있는 '죽음'의 삶에 대하여 다음과 같이 적극적인 의미로 나타낸다.

첫째, 하느님의 시간은 영원한 시간이요, 인간의 시간은 제한된 시간으로 구별Unterschied한다. 우리의 생명에는 한계가 있다. 우리가 아직 존재하지 않았을 때가 있었다KD III/2, 677f., 695f..

둘째, 따라서 인간에게 주어진 '할당된 시간'은 무제한의 기회를 의미하지 않는다. 왜냐하면 무제한의 시간은 무제한의 기회를 의미할 뿐이기 때문이다KD III/2, 679f..

셋째, 무제한 시간은 끝없고 휴식 없는 고통을 가져올 뿐이다. 지옥이란 끝없는 시간 속에서 끝없는 삶을 살아가는 것으로 상징할 수 있을 것이다.

넷째, 우리에게 할당된 시간은 하느님과의 관계를 가지는 삶을 의미한다. 하느님은 그의 구체적 행위 속에서(창조, 화육, 활동, 십자가, 부활) 임마누엘 되시는 분이다. 따라서 종말의 문제는 무Nichts나 어두움에 이르는 것이 아니라 희망이 된다KD III/2, 683f..

그러나 우리의 사회는 이따금씩 종말론를 바르게 취급하지 못하여 개인은 물론 교회, 가정, 사회 모두가 병리 현상에 휩쓸리곤 했다. 그렇게 된 이유는 무엇보다도 성서에 대한 바른 이해를 하지 못한 자들에게 있다고 본다. 그들은 성서를 문자 그대로 수용하는 문자주의에 매여 있거나, 혹은 그 문자를 아전인 수 격으로 해석하고 있었다. 그들은 어떤 자들인가?

다음과 같은 네 가지 유형에서 살펴볼 수 있다. 첫째, 시한부 종말론자들이다. 이들은 성서를 연대기적으로 계산하거나 또는 계시를 받아 세상 종말의 특정한 연·월·일·시를 예언하여 개인과 가정과 사회를 문란하게 하는 사이비 기독교 종파들이다.

둘째, 종말론을 전혀 문제 삼지 않는 그리스도인들이다. 이들은 예수 그리스도 안에서 이미 옛 시대가 끝나고 새 시대가 왔다는 것을 깨닫지 못하고 있다. 따라서 이들은 하느님 나라의 태동을 단순한 미래로 옮겨버리므로 옛 사람으로 머물러 있다. 이들의 태도는 "그 날과 그 시는 모른다"는 성서의 말씀을 그저 형식적으로 받아들이면서 "내일 일은 난 몰라요" 하면서 살아가고 있다.

셋째, 언제 종말이 다가올지 모르니까 깨어 있어야 된다면서 공포를 조성하는 소위 정통이라고 자부하는 기성 교회들을 들수 있다. 이들의 경우 종말의 복음이 성서적 내지 신학적으로 이해되지 못하여 윤리 부재 현상을 낳고 현실도피적인 면을 드러내는 데 문제가 있다. 결국 이들은 종말론이 복음이며 그 복음은 예수 그리스도로부터 이미 주어진 것이라는 것을 받아들이지 못하고 있는 것이다.

넷째, 또 하나의 문제는 교회가 종말을 강조하지만 그것은 마치 유대인들이 아직도 정치적 메시야를 대망하고 있는 식으로 세상에서 부족한 것을 채우는 정도로 생각하고 있다. 예를 들면 하느님 나라는 수많은 보석들로 꾸며졌다든지 혹은 일하지도 않고 편하게 살 수 있다든지 하는 식의 물질적 충족으로 '하느님 나라'에 대한 기대를 조장시키는 것이다.

위와 같은 현상은 성서를 문자주의적으로 해석하는 근본주의자들 내지는 시한부 종말론자들에게서 나타난다. 이들은 성서의 문자에 매인 나머지 성서의 종말 이해를 왜곡하고 있다. 다시 정리해 보자. 인간은 어디로 가는가? 이 물음에 대한 대답은 죽음이다. 죽음이 이 삶의 끝이며 경계이다. 이것은 인간의 유한성 · 제한성 · 연약성 · 피조성 · 죄성 · 세상성을 지시한다. 어느 누구도 죽음을 피할 수가 없다. 죽음은 심판을 말한다KD III/2, 739f.. 그러나 여기 우리에게 또 하나의 거룩한 현실이 우리를 감싼다. 그분이 우리의 생명이신 예수 그리스도이다. 예수 그리스도의 고난과 죽음을 통한 심판의 표징은 우리 인간에게는 신적인 은혜와 구원이라는 역설이 성립된다. 예수 그리스도 안에서 죽음의 심판이 면해졌다KD III/2, 740f.. 종말론을 신학적으로 이해한다는 것은 바로 이러한 수직적 차원을 우선적으로 한다.

그러나 하느님의 은총의 사건인 수직적 차원은 세상과 더불어 살아가는 수평적 차원으로 나아가야 한다. 우리가 개인의 최후적 종말론적 미래에 대하여 말할 때는 동시에 인간 존재의 사회적 세상적 차원의 미래에 대해서도 말하지 않으면 안 된다. 한 개인의 미래는 그 개인이 이웃 사람이나 세상과의 관련을 끊고 홀로 하느님과의 수직적 관계에서만 실존한다고 생각할 수도 있을 것이다. 그러나 이것은 우리의 삶의 현실과 유리되는 사변에 지나지 않는다. 우리의 삶의 현실은 언제나 이웃과의 만남 속에 있기 때문에 사회적이며 세속적이어야 한다. 종말의 현재성과 사회성은 '하느님 나라'와 관련하여 다음 장에서 다루고자 한다.

3. 하느님 나라와 종말

종말론의 또 하나의 차원은 세계의 역사 끝을 말해주는 하느님 나라에 관한 서술이다. 예수는 그의 공생애의 첫 시작을 하느님 나라에 초청하는 초대장을 발부함으로써 시작한다. "때가 다 되어 하느님 나라가 다가왔다. 회개하고 복음을 믿어라"막

1:15. 하느님 나라의 도래의 시기는 간단하지 않다. "하느님 나라가 다가왔다The time has come"에서 현재 완료형인 "다가왔다"막 1:15, "임했으며"마 12:28; 눅 11:20, "도래했고"눅 22:18는 "이미 왔음"을 뜻하는지, "가까웠음"을 말하는 것인지, 즉 현재적인 것인지 과거적인 것인지 아니면 미래적인 것인지 분명하지 않기 때문이다.

그러나 분명한 것은 예수의 하느님 나라 선포는 현재적이다. 예수는 하느님 나라가 궁극적이며 종말적인 하느님의 지배를 말하려고 한다. 이 개념은 지금까지의 세계 과정에 종지부를 찍고, 반신적이고 사탄적인 것을 전멸시키며, 이로써 모든 궁핍과 고난을 종식시키는 가운데 선지자의 약속이 성취되기를 고대했던 하느님의 백성에게 구원을 가져다주는 하느님의 통치를 의미한다. 하느님 나라는 유대교 랍비들이 주장하듯이 율법을 지키는 가운데 세워지거나 초래되는 실재가 아니라, 하느님의 강력한 주권적 행위 그 자체를 의미한다H. Küng, 1967, 2007, 62f. 그것은 인간의 업적이 아니라, 오직 하느님의 행위일 뿐이다.

예수는 하느님 나라의 실재가 무엇인지 비유로 이렇게 말씀하신다. "마음이 가난한 사람은 행복하다. 하늘나라가 그들의 것이다"마 5:3. 예수는 하느님 나라를 땅에 묻힌 보화를 발견하고 기뻐하는 농부와 값진 진주를 찾아 헤매다가 발견한 장사꾼의 경우에 비유한다마 13:44-55. 또한 예수는 "씨 뿌리는 사람의 비유"마 13:1-23, "가라지의 비유"마 13:24-30, "겨자씨의 비유"마 13:31-32, "누룩의 비유"마 13:33 등을 통해 하느님 나라의 신비적인 특성을 말한다. 하느님 나라는 현실 속에 '땅에 묻힌 보화'처럼, '값진 진주'처럼, '자라나는 나무'처럼, '누룩'처럼 이미 와 있다.

이와 같은 비유에서 보여준 예수의 하느님 나라로의 초대는 종말론적 성격을 가지고 있는 것으로 우선 회개의 결단Entscheidung을 의미한다. 회개란 방향 전환, 즉 옛 것, 옛 가치관, 낡은 사고에서 전적으로 새 것, 새 가치관으로 옮기는 것을 말한다. 새 것의 추구는 지금 가진 것에 집착하거나 그것으로 삶의 보장을 얻고자 하는 것과는 전적으로 다르다. 그것은 어떻게 살았느냐가 문제가 아니라 이제부터 어떻게 살 것인가가 문제이다. 이 점에서 세례 요한의 하느님의 나라 선포와 관련을 맺는다. 그의 세례는 첫째로 세계의 심판마 3:7f.을 말하고, 둘째로 과거의 잘못을 뉘우치고 그것을 깨끗이 씻으라는 의미에서 회개를 말하고 있다.

이제 예수는 더욱 철저하게 옛 시대에 대한 종말을 고하고 새 시대의 삶을 맞이하라는 것이다. 그것은 예수 그리스도는 옛 시대를 끝내고 새 시대를 여는 복음이었다. 예수 그리스도 안에서 종말의 삶이 시작되었다는 복음은 우리의 삶의 태도를 바꾸어 놓는다. 우리의 옛 삶이 그리스도로 말미암아 '끝이다'라고 생각하는 것이 종말론적 삶이다. 하느님 나라의 시민은 바로 이러한 코페르니쿠스적 전환 속에서 재림을 대망한다. 그런 삶의 형태는 기존의 것, 즉 옛 것에 머물러 있지 않고 그곳에서 탈출하여 새로운 존재로서의 삶으로 나아간다. 하느님 나라는 눈에 보이게 임하는 것이 아니며, 또한 여기 있다 저기 있다고도 하지 않고 오히려 하느님 나라는 우리 현실 한가운데 있다고 하셨다. 하느님 나라는 여기 있다 저기 있다고 할 수 없는 초월적인 실재이지만 이미 우리의 현실 속에 내재하고 있고, 특히 그리스도의 말씀과 인격에 부딪혀 삶 전체로서 방향 전환한 사람 속에 현존한다고 한 것이다김경재, 1983, 198.

그러나 기독교의 종말론이 복음good news이 되는 것은 지금 여기서 회개하고 책임적 존재가 될 때이다. 엘리오트C. Elliott는 자신의 책 『신국과 영성Praying The Kingdom』에서 빈부의 차에서 오는 '죄책감'을 이렇게 표현한다. "나는 아주 좋은 집에서 살지만, 그들은 조그마한 판잣집에서 쪼그리고 산다. 우리는 그들이 먹어야 할 양보다 더 많은 음식을 먹고 난 접시 위에 남겨 놓는다. … 그녀는 굶어죽는 반면, 나는 너무 많이 먹기 때문에 심판을 받는다. 아주 호된 심판을, 따라서 죄책감이 예리하고 비참하게 나를 엄습한다"C. 엘리어트, 1989, 11.

이와 같이 지금 당신이 쌀 한 톨을 버리는 생활 습관과 굶주림의 세계를 함께 생각하는 삶과 종말, 백인과 흑인, 남자와 여자, 어른과 아이, 젊은이와 노인, 제1세계와 제3세계의 너와 나의 관계 속에서 빚어지는 인권 유린과 종말, 공기와 물과 땅이 오염되고 자원이 고갈되는 생태계와 종말의 문제를 함께 다루어야 할 것이다. 물론 이것에 대한 시도는 있었다. 이러한 시도에 우리는 '상황 신학Kontextuelle Theologie'이라는 이름을 붙이는데 해방 신학, 여성 신학, 제3세계 신학, 민중 신학, 흑인 신학, 생태계 신학 등에서 그 모습을 볼 수 있다. 가령 가톨릭의 수사인 떼야르 샤르뎅의 진화론적 종말론은 오늘의 환경 문제와 함께 연구해 볼 가치가 있을 것이다. 왜냐하면 그리스도인에게 있어서 종말론적 삶은 하느님의 뜻이 하늘에서 이루어진 것처럼 이 땅 위에서 이루어지도록 기도하며 성실하고 책임 있게 살아가는 풍토를 조성하는 데 있기 때문이다.

정리하면 우리는 앞에서 종말론이 기독교의 중심 교리를 형성함을 살펴보았다. 사실 기독교 신앙이나 신학에서 종말 사상을 희석하거나 소홀히 한다면 그것은 더 이상 기독교가 될 수 없을 것이다. 주님의 재림에 동참하는 삶은 이 땅과 역사 안에서 안주하는 삶이 아니라 영원한 하느님 나라를 바라보면서 사는 나그네의 삶이다. 그 삶은 하느님께서 하시고자 하는 일에 도구가 되는 일이다. 그것은 우리가 살고 있는 지구촌을 가꾸고 돌보는 일에 연대성Solidarität을 형성하는 일을 통해 나타난다. 왜냐하면 지금 하느님께서 사랑하는 이 세계가 고통을 받고 있기 때문이다.

이 세계는 해결되어야 할 수많은 문제 ―매 시간마다 기아에 죽어가는 수많은 사람들, 전쟁, 인권 유린, 환경파괴 등― 로 얼룩져 있다. 이러한 상황에서 종말론의 이해는 다른 모든 기독교적 술어가 그러하듯이 그것의 실천적 방안, 즉 종말론적 삶을 각 현장에서 구현하는 일을 통해서 나타나야 한다. 예를 들어보자. 지금 당신이 버린 음식과 굶주림 속에 있는 사람들을 함께 생각할 때, 당신은 옛 습관을 버리고 새로운 일을 하기 시작할 것이다. 옛 습관에서 돌아서는 것이 회개요, 새로운 가치관에서 사는 삶이 종말론적 삶이다.

4. 종말론의 신학적 고찰

우리가 세상의 종말과 관련해서 하느님 나라의 태동을 따져 볼 때, "때가 다 되어 하느님의 나라가 다가왔다"막 1:15는 하느님 나라의 현존성은 무엇을 의미하나? 그것은 예수가 이 땅에 온 본래적 의도를 적절하게 나타내주고 있다. 여기서 하느님의 나라에서 '나라'에 해당하는 헬라어 '바실레이아basileia'는 '지배'로 해석하여 하느님의 지배가 예수의 선포의 중심과 지평을 이룬다는 데에는 주석자들 사이에도 이견의 여지가 없다. 그러나 하느님의 나라, 혹은 하느님의 지배를 지난 19세기 문화개신교 학자들, 칸트I. Kant와 리츨A. Ritschl학파들은 하느님 나라를 세계 내적인 윤리왕국, 종교적 이념, 도덕적 이상, 최고선 등으로 이해했다. 다시 말하면, 하느님 나라는 보편적인 도덕적 · 윤리적 공동체로서 '이웃사랑' 속에서 공동적으로 실현할 수 있는 인간의 궁극적 목표인 동시에 하느님의 세계 계획의 궁극적 목표라는 것이다H. Küng, 1967, 2007, 58.

이러한 문화 개신교적 하느님 나라 이해와는 달리 슈바이처A. Schweizer와 바이스J. Weiss는 하느님 나라의 초세계적인 초월적 의미를 통해 종말론적 성격을 부각시켰다. 그들은 자유주의 신학자들의 대부분이 그리스도의 재림, 최후의 심판, 세상의 종말, 천당, 지옥 등을 말하는 신약 성서 진술들에 관하여 '미신적이고', '상징적인 것'으로 보는 데 반해 사실적인 것으로 받아들인다. 왜냐하면 예수 자신이 그 시대의 생존한 인간으로서 이것을 실제로 믿고 있었기 때문이라고 한다. 따라서 그는 하느님 나라를 인간이 땅 위에 실현시켜야 할 윤리적 가치의 왕국으로 이해한 리츨의 신학에 반대했다. 하느님 나라는 인간이 실현시켜야 할 과제가 아니라 하느님의 강압적인 행위로 말미암아 피안에서부터 이 세상으로 들어오는 은사로 생각한 것이다.

이러한 입장 때문에 슈바이처의 종말 이해를 '철저적 종말론 konsequente Eschatologie'이라고 한다. 그는 종말론은 19세기 신학자들처럼 '종교적-윤리적'으로 전개시키지 않고 '묵시 문학적-종말론적'으로 이해했다. 그는 자신의 책 『라이마르에서 브레데까지Von Reimarus zu Wrede』에서 예수를 한 유대 묵시문학자처럼 철저적 임박한 세상의 종말과 하느님 나라의 갑작스러운 도래를 말하는 철저적 종말론자로 취급했다. 왜냐하면 종말은 오지 않았기 때문이다. 그러나 바울과 초기 교회는 예수의 부활과 죽음 속에서 메시야 시대가 실상 시작되었다고 믿었고, 종말 시대의 축복들은 실제로 경험된다고 믿었다『기독교 대백과사전』, 1986, 1397.

슈바이처의 공헌은 종말론이라는 복음적 술어를 새롭게 이해한 점이다. 그러나 그가 2천여 년 동안의 예수 재림의 지연을 연구한 결과 예수의 재림을 신약 시대의 종교적 관점에서 봄으로써 하느님 나라는 현실적인 것이 아니라, 내재적인 것으로 남아 있을 수밖에 없는 약점을 가지게 된 것이다. 어쨌든 슈바이처의 '철저적 종말론'의 이해는 19세기 낙관주의적 사고 속에서 탈출하여 20세기 종말론 이해에 혁신을 가져왔다고 볼 수 있다. 철저적 종말론이 묵시 문학적인 세계 재앙을 염두해 두었지만, 현대인에게는 의미를 주지 못했다. 이에 반해 도드C. H. Dodd는 "하느님 나라는 미래에 오는 것이 아니라 너희 가운데 있다"녹 17:21는 것을 지적하여 실현된 종말론realisierte Eschatologie을 주장했다. 여기서는 하느님의 나라가 예수에게 그리고 우리에게 이미 현존하고 도래한 것으로 선포한다.

이미 일어난 구원을 믿는다는 것은 교회의 착각이 아닌가? 이것이 바로 이스라엘이 지속적으로 교회에 던지는 질문이다. 세계와 교회의 구원받지 못한 현실은 유대인들로 하여금 예수의 메시아 됨을 부인하도록 만든다. 이스라엘과 교회는 다함께 메시아의 도래가 "아직 아님"을 말하며, 메시아의 도래를 위해 기도한다. 그러나 그것은 '이미 지금'을 전제한다. 그리스도인은 그리스도 안에서 이미 일어난 숨겨진 세계의 구원을 믿기 때문이다. 요한은 철저하게 예수의 실현된 종말론의 입장에 있다. 예수의 인격과 선교 속에 종말론적 위기는 현재하였다. 하느님의 나라는 이미 왔다. 예수가 이러한 현재적 위기를 기술할 때 사용한 묵시적 언어는 역사를 넘어서 있는 것의 상징적인 표상을 예수의 인격 속에서 시간과 공간 속으로 들어왔던 절대적인 것, '전적 타자'의 상징적 표상에 불과했다. 그러나 하느님의 나라를 단순히 현재로 보면 미래적인 차원이 소홀히 되기 때문에 예수의 재림에 대한 기대를 무시하게 되는 약점이 있다.

불트만R. Bultmann은 슈바이처처럼 하느님 나라가 미래에 임할 것으로 본다. 그러나 그는 슈바이처와는 달리 예수의 종말의 기대가 본질적으로 시간적 성격을 지닌다는 점에 이의를 제기한다. 그에게는 장차 올 세상 종말에 관한 신약 성서의 표현은 현대의 세계상에 근거해 볼 때 현대인이 이해할 수 없는 신화론적 관념이기에 비신화화를 주장한 것이다. 따라서 그에게는 장차 '세상의 종말' 내지 '지구, 인류, 세계사의 종말'을 말하는 미래적이고 우주적인 종말이 아니라 '지금, 여기서hic et nunc' 결단해야 하는 종말론적 사건으로서 '실존론적 종말론existentiale Eschatologie'을 선포한다. 긍의 종말론에서 미래는 '지금, 여기서' 영생이냐 파멸이냐는 결단을 내릴 때 의미를 가진다R. Bultmann, 1954, 260. 이때 미래적인 것이 현재화된다. 따라서 불트만에게 있어서 과거란 확실치 않은 영역으로 그곳에는 희망도, 결단도, 자유도, 생명도 존재하지 않는다K. 마이클슨, 1977, 81. 오직 미래에만 희망과 결단과 자유와 생명이 있다.

이러한 그의 '실존론적 종말론'은 2천여 년 동안 주님의 재림의 지연과 더불어 발생한 사이비 기독교 종파들의 시한부 종말론이나 문자적 해석에 그치고 있는 현 기독교의 종말론을 비판할 수 있는 거점을 마련해 주었다고 생각한다. 그러나 불트만의 실존론적 종말론은 다음과 같은 약점이 노출된다.

첫째, 미래를 현재 자체에 혼합시켜 버렸기 때문에 너무나 편파적이고 비성서적 내지 비신학적으로 떨어질 위험성이 있다. 왜냐하면 기독교의 복음에서 종말론적인 장래에 대한 전망이 탈락해 버린다면 그것은 단순한 도덕적 행동이나 윤리 그 자체로 끝나버리고 말기 때문이다. 미래적인 차원을 소홀히 할 때, 즉 복음의 약속과 전망이라는 종말론적 차원을 잃어버리게 될 것이기 때문이다.

둘째, 불트만은 개인적 실존을 너무나 강조하다 보니까 인간이 공동 운명체, 공동 존재, 세계 내의 존재한다는 포괄성을 소홀히 하였다. 인간은 사회적인 동시에 세상적이며, 언제나 공동체 속에 있는 한 일원이다. 마찬가지로 사람이 혼자 죽고 홀로 하느님 앞에 실존한다는 것도 비현실적이다. 따라서 우리는 종말론의 바른 이해를 위해서 현재적 차원은 물론 미래적이고 우주적인 차원의 종말 이해를 함께 생각하지 않을 수 없다. 물론 이것은 성서의 문자에 매이는 미래적이고 우주적인 이해를 말하는 것은 아니다. 그것은 종말을 말하는 상징적인 성서의 표현이 옛 세계에서 새 세계를 여는 복음, 즉 그것은 구체적으로 그리고 객관적으로 표상할 수는 없지만 진리를 향해 있기 때문이다.

불트만이 우주적이며 묵시 문학적인 종말적 기대를 탈신화화시킴으로써 하느님의 지배를 종말론적 순간과 새로운 실존 이해로 해석하고 있다면, 여기에 대해 쿨만Oscar Cullmann과 슈나켄부르크Rudolf Schnackenburg 등의 주석학자들이 주장하는 '구속사적 종말론heilsgeschichtliche Eschatologie'은 개인주의적이고 현재적인 차원을 이미 넘어서서 우주적이고 세상적이고 공동체적이고 미래 지향적인 지평으로 우리를 인도한다. 쿨만은 하느님 나라의 시간적 성격을 단순히 미래나 단순한 현재로 생각하지 않고, '이미'–'아직 아니' 사이의 시간적 긴장zeitliche Spannung zwischen schon und noch nicht으로 생각한다. 쿨만은 자신의 책 『그리스도와 시간』에서 예수의 종말론은 "환상적 종말의 기대"라고 보는 슈바이처나 불트만과는 달리 이미 결정적으로 이긴 싸움과 아직도 성취해야 할 승리의 날 사이의 긴장으로 파악하였다. "결정적인 싸움에서 이미 이겼다. 그러나 전쟁은 아직도 계속되고 있다. … 그 결정적인 싸움은 그리스도의 죽음과 부활이고 승리의 날은 재림이다. 이 둘 사이에는 짧지만 중요한 시간이 가로놓여 있어서 평화의 성취와 선취를 의미한다"O. Cullmann, 1962, 26, 30.

쿨만에게 있어서 구속사Heilsgeschichte, 즉 그리스도의 역사는 모든 일반사(과거, 현재, 미래)를 관통하는 의미에서 중심을 이루고 있다. 구원의 역사는 창조로부터 수렴되기 시작해서 이스라엘의 선택과 남은 자들의 선택을 거쳐 예수 그리스도라는 점에 이른다. 여기서 다시 구속사는 전개되기 시작하여 열두 사도와 교회를 거쳐 최후의 심판과 우주 신정에 이른다. 도식으로 표시하면 창조(인류)-이스라엘-남은 자-예수 그리스도-사도-교회-세상(우주)으로 이어진다. 이 도식은 구속사라는 목적을 가지고 진행된다. 그래서 이러한 종말 이해를 '구속사적 종말론' 내지 '목적론적 종말론'이라고 한다. 그러나 쿨만은 후에 하느님의 뜻과 인간의 뜻이 마주치는 인간의 실존을 강조하여 '구속사적 실존주의Heilsgeschichtliche Existenzialismus'를 표명했다. 그렇지만 그는 여전히 현재의 실존을 드러내지 못하는 약점이 도사리고 있었다.

우리는 순간순간 결단을 하면서도 그 진리를 추구하고 그 약속을 믿고 기다린다. 이것은 종말에 관한 성서적 관점은 이렇게 현재적이고 미래적이고 우주적이고 공동체적이다. 그러나 미래적인 측면과 현재적인 측면은 반드시 구별Unterschied되어야 한다. 다시 말하면 현재적인 것과 미래적인 것은 동일한 것일 수 없다. 현재적인 것은 미래적인 것을 미리 앞당겨 선취하는 것이요, 미래적인 것은 현재적인 것을 의미 있게 만들어준다는 의미에서 '분리'시킬 수 없는 밀접한 관련을 가진다. 그래서 현재적인 것과 미래적인 것을 '구별'해야 하지만 '분리'시켜서는 안 된다. 바르트는 제1차 세계대전과 더불어 야기된 위기의식 속에서 19세기 인간학적인 종말 이해가 부르주아적 합리주의Rationalismus 와 진보 신앙, 그리고 문화 개신교에 대한 동정심을 완전히 파괴해 버렸으며, 다시금 신약성서의 종말론을 진지하고 새롭게 숙고하는 분위기를 만들어 놓았다고 했다. 바르트는 종말론을 신학의 지배적인 주제로 변화시켰다. 다시 말하면 그의 신학은 종말론적으로 점철되었다고 할 수 있다. 그는 종말론이 아닌 기독교는 그리스도와 전혀 관계없는 기독교라고까지 했다K. Barth, 1922, 298.

바르트는 하느님과 사람과의 관계는 끊임없는 위기라 생각하였다. 그는 영원과 시간, 하늘과 땅, 하느님과 인간 등의 질적인 '구별'을 강조하고 언제나 하느님이 역사에 침투하는 것을 먼저 말했다. 바르트는 자신의 책 『로마서 주석』에서 그리스도의 죽음과 부활에서 실현된 종말을 말하고 인간들이 믿음으로 새롭게 되는 수직선적 종말을 말했다. 그는 종말의 기대를 교의학 끝에 실려야 할 종장으로서 종말론을 반대하고 '뒤post'를 '넘어trans'로 바꾸어 생각하는 '선험적 종말론transzendentale Eschatologie'을 내세운다H. 오토, 1991, 423. 즉 예수 그리스도의 사건이 역사에 대한 심판이며, 동시에 구원이 되는 변증법적 의미를 가진다. 그리스도의 오심은 우리의 역사가 끝나고, 이로 인하여 새로운 역사가 시작되었음을 의미한다. 예수 그리스도는 역사의 의미이자 중심점이며, 시간의 종말이다.

바르트에 의하면 신약 성서에서 선포된 종말은 결코 시간적 사건, 신화적 세계의 몰락이 아니라 어떤 역사나, 지구나, 우주의 파멸이 아니다. 그것은 바로 역사의 종말이다. 하느님이 세계와 인간에게 말씀하신 그 심판Nein은 "제2의 역사의 시작이 아니다. 역사는 완성되며 계속되지 않을 것이다"K. Barth, 1922, 219. 그는 종말론을 철저하게 그리스도 중심적으로 해석했다. 그에 의하면 예수 그리스도가 바로 이 땅위에 세워진 하느님의 나라다KD II/2, 195. 따라서 주님의 재림은 역사의 완성을 말해주는 선언이다. 그것은 완전한 구속을 의미한다. 이러한 바르트의 종말 이해를 우리는 초월적, 수직적 종말론이요, 그리스도론적 종말론이라고 할 수 있을 것이다. 바로 이것을 통해 바르트는 역사의 종말과 새로운 종말론적 삶의 시작을 강조한 것이다.

바르트의 입장을 보다 확고하게 정리한 사람은 몰트만J. Moltmann이다. 그는 자신의 책 『희망의 신학』에서 종말에 대한 신앙을 미래의 희망으로 바꾸어 미래적 종말론을 정립하였다. 그러나 이 희망은 인간의 현실과 관계없는 피안의 세계에 대한 희망이 아니라, 이 땅위에서 이루어질 하느님의 새로운 세계에 대한 희망이다. 기독교 신앙은 예수 그리스도의 삶과 죽음과 부활 속에서 약속된 하느님의 새로운 세계를 희망하기 때문에 이 세계 속에 이미 주어져 있는 것에 만족하지 않고 새로운 것을 추구한다J. 몰트만, 1979, 20f.. 이러한 이유에서 몰트만은 "신앙의 희망"으로, "그리스도인을 사회 개혁의 투사"로, "교회를 탈출 공동체 Exodus Gemeinde"로 표시하였다H. 오토, 1991, 423. 여기서 '종말론'은 희망의 가르침이 된다J. Molfmann, Nr.154, 14.

이제 우리의 주제 종말론의 신학적 이해를 세 가지 의미에서 결론을 내릴 수 있을 것 같다.

첫째, 우리의 시간, 세상의 시간은 종말을 가진다. 성서의 표현으로 하면 옛 시간이요, 과거요, 낡은 것이다. 이 시간은 확연히 끝장나야 할 시간이다. 이 시간이 계속 연장되는 것은 삶을 무의미하게 만들고 지옥으로 만든다.

둘째, 하느님의 시간, 수직적으로 끊임없이 내려오는 하느님의 은총의 사건은 우리의 무의미한 시간에 종말을 고하게 하고 옛 시간을 새 시간으로 바꾸어 놓는다. 이 시간은 하느님의 사랑의 사건이요, 은혜의 시간이다. 옛 시대의 종말과 함께 새 시대가 태동한 종말의 사건이다. 이 사건은 이제 죽음의 사건이 아니라 부활의 사건이요, 생명의 사건이다.

셋째, 우리의 시간이 끝나고 하느님의 시간이 태동했다는 종말의 사건은 우리로 하여금 지금 여기서 회개하고 책임적인 존재가 되게 한다. 크리스천은 '하느님의 나라가 도래했다'는 복음을 전해야 한다. 즉 옛 것이 끝나고 새 것이 왔다는 선언 속에서 새 삶을 살아야 한다. 종말론의 신학적 이해는 이미 새 시대가 왔다는 사실을 해명해 주는 것이며, 바로 그것은 우리에게 참 기쁨이요 복음이다. 그러나 우리의 고민은 감각적으로 아직도 옛 시대가 끝나지 않았다는 데 있다. 불의와 부정과 부패가 판을 치고 있다. 악의 세력이 이 세계를 지배하고 있다.

바로 여기서 다시 한 번 예수께서 말씀하신 종말의 선언을 들어보자.

"하느님 나라가 다가왔다!"
"보라, 옛 것은 지나가고 새 것이 되었도다!"
"내가 세상을 이겼노라!"

이러한 종말론적 선언은 우리의 구원이 하느님의 주권 속에서 이미 시작되었다는 말이다. 그것은 아모스가 말하는 하느님의 공의와 사랑이 강처럼 흘러넘치는 정의로운 사회를 지향하여 해방시키며, 이사야의 환상처럼 늑대와 새끼 양이 어울리고 표범이 숫염소와 함께 뒹굴며 사는, 곧 양육강식의 동물적 왕국이 끝장나고 새로운 인간다운 사회의 실현을 지향하여 해방시킨다사 11:1-11. 우리는 종말론 속에서 바로 이러한 평화롭고 정의로운 사회를 꿈꾼다.

"주여 속히 오시옵소서!" 마라나타!

결　론

한반도에 개신교가 들어온 지 1세기가 조금 넘었지만 그간 한국교회는 오랜 전통을 가진 유럽이나 북미 등에서 경험한 전통과 교리와 신학을 한꺼번에 모두 경험했다. 전통으로 말하면, 17, 18세기 유럽의 칼뱅주의신학이 영국의 청교도들을 통해 미국으로 건너가게 되었고, 미국에서 더욱 보수화, 교리화되어 근본주의 신학으로 다시 한반도에 들어왔다. 이 근본주의 신학은 칼뱅주의신학과 함께 상당히 오랫동안 한국 교회와 신학에 영향을 미치고 자리를 잡게 되었다. 우리는 이것을 '보수주의'라는 이름으로 부르고 있다.

한국교회 보수, 그것은 무엇인가? 칼뱅의 전통에 서 있는 한국 개신교, 특히 한국 장로교는 칼뱅주의와 근본주의 신앙에 입각하여 스스로를 정통주의자라는 이름하에 보수주의, 개혁주의, 복음주의 등의 그룹으로 불리게 되었다. 사실 한국의 정통주의 신학자들은 칼뱅을 따른다고 생각했으나 칼뱅이 아니라 칼뱅을 잘못 이해한 칼뱅주의자, 즉 교리주의자들을 따른 것이다. 그들의 성서 해석도 교권을 지킨다는 명분 아래 그리스도의 권위가 아닌 자신의 권위를 발휘한 것이다. 이러한 주관적인 자기중심의 성서 해석자를 우리는 '성서 자유주의자'라고 명명할 수도 있다.

한국교회 진보, 그것은 무엇인가? 신학적 논쟁에서 비롯된 한국교회의 진보 신학에 대한 운운은 칼 바르트를 위시한 신학을 포함한 현대 신학자들이었다. '신학문', 즉 당시 '신정통주의 신학'으로 알려진 바르트의 신학이 세상에 소개되었을 때, 한국 교회는 이것을 '신 신학'이라고 하여 터부시하였다. 신학문, 신 신학이 한국 교회에 들어오자 한국 교회는 보수 신학교와 진보 신학교로 나뉘었고, 특히 정통주의 신학자들과 교회들은 신 정통주의 신학을 "자유주의 신학" 내지는 "인본주의 신학"으로 비판적으로 사용하였다. 미국 장로교회의 테일러Th. Taylor 교수는 "한국 신학 교육에 대한 보고서Survey of Theological Education in Korea"1964에서 한국의 신학 교육이 성경 학교의 틀을 벗어나지 못했다고 지적한 바 있다. 바르트의 말씀의 신학이 이 땅에 오기 전에는 사실상 우리에게 '성경 학교'가 있었지, '신학교'는 없었다고 볼 수 있기 때문이다. 즉 성서의 해석학적인 검토가 구사되지 못하고 있다는 말이다. 그것은 신학이 교회의 외적 권위와 제약으로 인해서 성서의 깊은 진리를 해석학적으로 검토하지 않기 때문이었다.

바르트는 성서가 우리에게 적용되기 위해서는 성서–성서주석(그 당시의 삶의 자리)–성서해석(오늘의 삶의 자리)의 과정을 거쳐야 된다는 것이었다. 성서는 하나의 주문이나 경문이 아니다. 동시에 성서는 인간을 향한 하느님의 말씀이지 인간의 말이 아니다. 성서를 인간의 말로 보는 태도는 그리스도의 권위를 인간의 권위로 대치시키는 우를 범하는 것이다. 하느님의 말씀의 신학자 바르트는 성서의 권위는 그리스도의 권위에서 나와야 한다는 것을 분명히 하고 있다. 바르트의 등장은 한국교회와 신학 발전에 새로운 변화를 가져다주었고, 지금도 여전히 영향을 주고 있다.

바르트의 하느님 말씀의 신학은 그리스도 중심적 신학으로 교의학적 진술을 통해 성서의 권위를 세운다. 그는 문자에 매이는 성서문자주의가 아니라, 성서의 말씀이 오늘 '지금, 여기서hic et nunc' 말을 걸어오는 현재적 성서 메시지에 집중하게 한다. 그는 성서의 권위를 세우는 '성서 문자 영감론'에 전적으로 동의한다. 그러나 그의 성서관은 문자영감을 강조하는 근본주의적 보수주의 입장과는 다르다. 바르트는 성서에 강조를 한 '성서' 문자 영감론을 말한다면, 보수주의는 '문자'에 강조를 둔 나머지 성서 '문자' 영감론을 말한다. 말하자면 전자가 성서의 해석을 통한 복음의 자유성을 말한다면, 후자는 성서문자를 강조하는 복음의 획일성을 말하고 있는 것이다.

바르트는 살아 있는 하느님의 말씀은 어떤 교리도, 교회도 성서를 지배해서는 안 된다고 본다. 사실 교회의 권위는 성서의 권위를 근거로 하여 이루어지는 것이지, 반대로 성서의 권위가 교회의 권위에 의하여 지배를 받아서는 안 될 것이다. 이 점에서 바르트에게서 성서를 강조한 '성서문자 영감론'은 '오직 성서 sola scriptura'의 개혁 전통에 서 있는 것이다. 따라서 성서의 권위를 제약하려는 교황식의 로마 가톨릭주의적 해석이나, '문자주의적' 영감 형식을 통해 성서의 권위를 행사하고자 하는 행위에서 성서의 참 의미가 왜곡될 수 있는 위험을 본 것이다. 왜냐하면 성서의 역할을 '지금, 여기서' 살아 있는 말씀, 즉 실존적 성격에서 나타남을 도외시하고, 단지 문자에 매여 성서를 교회 수호, 교권 수호, 교리 수호라는 차원에서 사용하고 있기 때문이다. 하느님의 말씀인 성서의 진리가 이렇게 값싼 사고 양식으로 수호된다고 생각할 때, 이것은 이미 성서의 본연의 임무를 벗어나 버린 것이다. 본회퍼D. Bonhoeffer가 지적했듯이, '하느님의 말씀'은 값싼 것이 아니라 '값비싼 것'으로 새 세상을 여는 복음으로 현실reality이 되어야 할 것이다.

따라서 말씀의 신학은 오늘날 교리적 교권수호를 위한 교리주의 사상과 자유주의적 무신론적 상황 그리고 나아가 소위 현실참여에 적극적인 수많은 신학의 이름들, 즉 '상황 신학context theology'의 좌표가 될 것이다. 왜냐하면 하느님 말씀의 신학은 상황 신학이 초월과 내재의 혼돈이나 혼합의 길을 가지 않도록 할 뿐 아니라, 상황 그 자체를 새로운 지평으로 옮겨놓기 때문이다.

끝으로 필자는 '칼 바르트의 『교회 교의학 읽기』'를 통해 바르트의 주저 『교회 교의학』은 물론, 더 많은 그의 글에 더욱 접할 수 있으면 한다. 바르트의 신학사상은 말씀의 신학으로 '성서 안의 새로운 세계'를 바라보게 하면서 영원과 실존의 삶에 새로운 지표를 제공해줄 것이다.

참고문헌

김경재, 『한국 문화 신학』(한국 신학연구소, 1983).

『기독교 대백과사전』 13권 (교문사, 1986).

김동익, 「죽음, 그리고 그 이후」, 『기독교 사상』(1991년 2월호).

김명용, 「예정론 어떻게 이해할 것인가?」, 『목회와 신학』(1995, 6월호).

김영한, 『바르트에서 몰트만까지』, 4판(대한기독교서회, 1986).

단네만, U., 『칼 바르트의 정치 신학』, 이신건 역(한국신학연구소, 1985).

마이클슨, K., 「루돌프 불트만」, 『현대 신학자 20인』(대한기독교서회, 1977).

몰트만, J., 『희망의 신학』, 박성광 · 전경연 역(대한기독교서회, 1979).

_____, 『십자가에 달리신 하나님』, 김균진 역(한국신학연구소 1979).

박봉랑, 『신학의 해방』(대한기독교서회, 1991).

_____, 「오늘의 은총의 신학과 그 고민」, 『한신 학보』, 제5집.

엘리오트, C., 『신국과 영성』, 전병금 역(대한기독교서회, 1989).

오토, H., 『신학 해제』, 김광식 역(한국 신학연구소, 1991).

최종호, 「칼 바르트의 그리스도론」(한신대학교, 1978).

＿＿＿＿＿, 「주기도문의 신학적 이해」, 『목회와 신학』(1997, 11).

＿＿＿＿＿, 「예정론의 신학적 이해」, 『기독교 사상』(1997, 4).

＿＿＿＿＿, 『칼바르트-하느님 말씀의 신학』(한들, 2010).

＿＿＿＿＿, 『칼바르트의 복음주의 신학』(신지서원, 1999).

＿＿＿＿＿, 『Aspekte der Pneumatologie Karl Barths』(Heidelberg, 1987).

쿠퍼쉬, K., 『칼 바르트』, 박종화 역(한국 신학연구소, 1985).

Augustinus, Confessiones XIII, 11, 12(397-398).

Barth, Karl., *Die Kirchliche Dogmatik*(Zürich 1932ff.).

＿＿＿＿＿＿, *Jesus Christus und die soziale Bewegung*(Der freie Aagauer 6/1911), Nr. 154-156.

＿＿＿＿＿＿, "Der Christliche Glaube und die Geschichte Schweizer," *Theologische Zeitschrift*(24/1912).

＿＿＿＿＿＿, *Der Römerbrief II*(München 1922).

＿＿＿＿＿＿, *Dogmatik im Grundriß*(Zürich, 1947, 1959).

＿＿＿＿＿＿, *Die christliche Lehre nach dem Heidelberger Katechismus*(1948).

＿＿＿＿＿＿, "Die Menschlichkeit Gottes," in *Theol. Studien*, H. 48 (Zürich 1956).

＿＿＿＿＿＿, *The Epistle to the Romans*(London, 1968).

＿＿＿＿＿＿, "Nachwort," *Schleiermacher Auswahl*(Gütersloh, 1968).

＿＿＿＿＿＿, "Die Menschlichkeit Gottes," *Theologische Studien*, 4 (Zürich, 1956).

Brunner, E., "Der Neue Barth," *ZTHK*(1951).

Bultmann, R., *Glauben und Verstehen*(Tübingen: JCM, 1954).

Calvin, J., *Chriatianae Religionis Institutio*(1536); 양낙홍 역, 『기독교강요』(서울: 다이제스트, 1992).

Choi, Jong-Ho, *Aspekte der Pneumatologie Karl Barths*(Heidelberg, 1987).

Cullmann, O., *Christ & Time*, Revised Edition(1962).

Galling, Kurt(Hrsg.), *Die Religion in Geschichte und Gegenwart*(J.C.B. Mohr Tübingen 1963).

Gregory of Nazianus, "On Holy Baptism," *Oration* 40, 41.

Herrmann, W., "Gottes Offenbarung an uns," in *Vorträge der Aauuner Studentenkouferenz*(1908).

_____, *Verkehr des Christen mit Gott*(Stuttgart-Berlin, 1903).

Jaspert, B.(Hrsg.), *Karl Barth-Rudolf Bultmann Briefwechsel*, Nr.95.

Küng, H., *Die Kirche*, Verlag Herder KG Freiburg in Breisgau, 1967; 정지연 역, 교회(서울: 한들 출판사, 2007).

Leland, J., *A View of the Principal Deistical Writers*, 2Vols, 1754-1756.

Luther, M., "Propter confessionen coetus ecclesiae est visibilis," *WA* 39/2.

Moltmann, J., "Umkehr zur Zukunft," *Siebenstern-Taschenbuch* Nr.154.

Osborn, R. T., "A New Barth," *Interpretation, January* 1964, 62-75.

Taylor, *Theological Survey of Theological Education in Korea*, 1964.

Weber, O., *Grundlagen der Dogmatik I*.

Karl
BARTH